UNIVERSITÉ DE PARIS — FACULTÉ DE DROIT

# LE
# DROIT DE LA FEMME MARIÉE
## SUR LES PRODUITS DE SON TRAVAIL

### THÈSE POUR LE DOCTORAT

présentée et soutenue

le Lundi 30 Octobre 1899, à 2 heures

PAR

## Gaston PETIT

AVOCAT

PARIS
LIBRAIRIE NOUVELLE DE DROIT ET DE JURISPRUDENCE
ARTHUR ROUSSEAU
ÉDITEUR
14, rue Soufflot, et rue Toullier, 13

1899

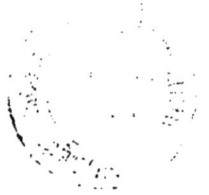

UNIVERSITÉ DE PARIS — FACULTÉ DE DROIT

# LE
# DROIT DE LA FEMME MARIÉE
# SUR LES PRODUITS DE SON TRAVAIL

## THÈSE POUR LE DOCTORAT

L'ACTE PUBLIC SUR LES MATIÈRES CI-APRÈS

*Sera soutenu le Lundi 30 Octobre 1899, à 2 heures*

PAR

### Gaston PETIT

AVOCAT

Président : M. BOISTEL.

Suffragants : { MM. PLANIOL, *professeur.*
SOUCHON, *agrégé.*

PARIS
LIBRAIRIE NOUVELLE DE DROIT ET DE JURISPRUDENCE
ARTHUR ROUSSEAU
ÉDITEUR
14, rue Soufflot, et rue Toullier, 13
—
1899

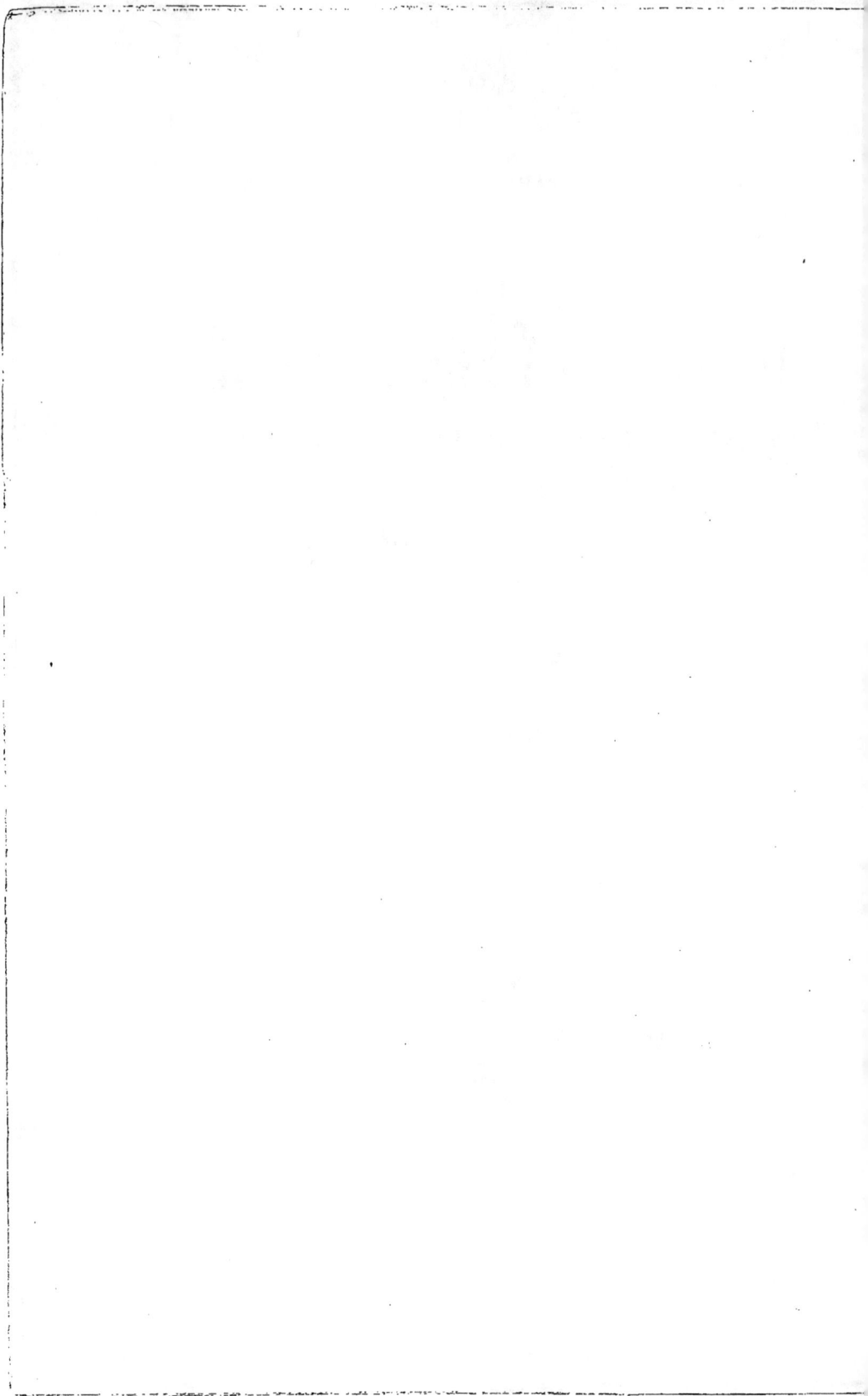

# LE DROIT DE LA FEMME MARIÉE SUR LES PRODUITS DE SON TRAVAIL

## INTRODUCTION

—

Notre époque nous fait assister à une curieuse évolution dont on ne saurait méconnaître la portée au point de vue économique et social. Nous voulons parler de ce grand mouvement pour ainsi dire universel qui, tous les jours plus impérieusement, tend à affranchir la femme, à relever sa condition juridique, à l'émanciper, presque au point d'en faire l'égale de l'homme.

Étroitement liée à la conception moderne des rapports sociaux et de famille, conception qui aspire à tout niveler, tout égaliser, et liée aussi aux conditions nouvelles de l'existence matérielle, cette transformation nous montre la femme cherchant, dans tous les domaines de l'activité, à renverser les barrières séculaires qui la maintiennent encore en état d'infériorité. Sans doute, entre l'état de quasi-servitude, de dépendance, d'incapacité, où la réduisait le monde antique et la condition que lui font aujourd'hui nos lois et surtout nos mœurs, il y a un abîme ; mais, quoi que le progrès ait fait, la femme reste nettement l'inférieure de l'homme au point de vue légal ; et ce qu'elle réclame, c'est l'égalité absolue.

On pourrait penser, puisque la condition de la femme s'est si notablement améliorée, puisqu'elle approche de cette égalité de traitement qu'elle rêve, on pourrait penser que ses revendications doivent, aujourd'hui qu'il lui reste moins à exiger, être moins pressantes, moins ardentes qu'autrefois. Il n'en est pourtant rien. L'idée féministe n'a jamais eu de défenseurs aussi passionnés ; bien plus, signe des temps, des avocates ont surgi, convaincues et vaillantes, des femmes-écrivains et journalistes se sont révélées, apportant et répandant, avec toute la sincérité qu'on devine, le charme et l'influence de leur talent.

La cause — heureuse ou malheureuse — de cet état de choses se trouve, avons-nous donné à entendre, dans la révolution économique et morale qui s'est accomplie au cours de notre siècle. La femme a subi la crise individualiste qui sévit à notre époque ; elle est sortie de la sphère familiale hors de laquelle on ne se la représentait pas jadis ; elle a été jetée dans la mêlée où se heurtent les intérêts matériels ; elle a dû pourvoir elle-même, par les mêmes moyens que l'homme, aux dures nécessités de la vie, et elle a naturellement prétendu aux mêmes droits que lui.

Donc, dans tous les domaines, la femme réclame une amélioration de sa condition. Dans le droit public elle revendique des droits politiques, elle demande que l'accès des professions jusqu'ici dites viriles lui soit ouvert.

Dans le domaine du droit privé, elle veut voir disparaître toutes les incapacités qui la frappent. Dans la famille même, elle trouve sa situation par trop inégale en face de celle de son mari. Ainsi dans les cas de plus en plus nombreux où elle se voit, par suite de l'insuffisance des gains, du salaire du mari ou de toute autre cause, obligée de travailler, elle cherche, en battant en brèche la puissance maritale, à garder la disposition des produits de son travail. Question particulièrement grave et délicate, car elle touche à la constitution de la famille et intéresse par là la prospérité de l'État.

Le problème est relativement récent, car il s'est posé depuis moins d'un siècle. Jusqu'aux derniers jours de l'ancien régime en effet, la femme n'était nullement un agent de production ; considérée avant tout comme la gardienne du foyer, elle ne s'occupait que dans son intérieur et trouvait dans les travaux du ménage une abondante matière pour son activité.

D'autre part, les travaux industriels, presque tous exécutés par le bras humain, étaient assez pénibles pour être réservés en fait aux hommes.

Quant aux travaux intellectuels, les femmes ne s'y livraient que fort rarement. En un mot, le rôle de la

femme mariée était fort exactement résumé par l'ancienne coutume de Bretagne : « Femme si doit garder
« l'hostel, le feu et les enfants (1). »

Mais la révolution politique qui marqua la fin du siècle dernier fut rapidement suivie d'une révolution industrielle non moins considérable. Avec l'introduction et
le rapide développement du machinisme, les conditions
du travail se sont trouvées totalement transformées.
D'une part, ce nouveau travail est devenu plus simple,
moins pénible musculairement, requérant plutôt la
quantité que la qualité des travailleurs ; la femme s'est
trouvée apte à s'y livrer et d'autant plus demandée par
l'usine que son travail est moins rémunéré.

D'autre part, les manufactures ont déversé dans la
circulation une quantité énorme de produits et à un
prix tellement bas que la femme n'a plus eu intérêt à
les produire elle-même ; elle a presque entièrement
disparu, la ménagère de jadis, occupant ses loisirs et
ses veillées à filer patiemment, au coin de l'âtre, le lin et
à tisser la toile servant aux usages de toute la maison.
Il en est résulté que la femme mariée a pu disposer
d'une grande partie de son temps et a été amenée à en
tirer profit.

Enfin l'immense production industrielle, en satisfai-
sant à des besoins nombreux, en a créé de nouveaux ;
or l'accroissement des besoins a devancé les progrès de

(1) Art. 313.

la production, si bien que les gains du chef de famille
n'ont pas toujours suffi à assurer une existence satis-
faisante et la femme a dû ajouter ses efforts à ceux du
mari. L'épouse a, elle aussi, déserté le foyer pour l'u-
sine.

Dans un autre ordre d'idées, l'instruction des femmes, œuvre de notre siècle et toujours de plus en plus
développée, leur a permis de se livrer, soit par nécessité, soit par goût, aux travaux intellectuels, et même
d'ambitionner quelquefois les carrières libérales.

Aujourd'hui, c'est par millions que l'on compte les
femmes employées dans l'industrie ; il y en a 6 millions en Allemagne, 4 en Angleterre, 5 en Italie. En
France, sur un chiffre approximatif de 10 millions
d'ouvriers, 4 millions et demi appartiennent au sexe
féminin dont le travail produit annuellement pour 2 mil-
liards 460 millions (1).

Les administrations publiques, enseignement, postes
et télégraphes, les administrations privées, chemins de
fer, banques, etc... emploient un nombre de femmes
de plus en plus grand (2).

Il y en a 21,000 environ dans les chemins de fer, et
plus de 8,000 dans les Postes et Télégraphes. Enfin les
professions libérales, la littérature, les arts ont ouvert
aux femmes des voies où leur activité a pu se donner

(1) Coste, *Journal de la Soc. statistique de Paris*, 1890, p. 238.
(2) Louis Frank, *La femme dans les emplois civils*.

libre carrière, et elles s'y sont portées, dans les grandes
villes surtout, avec une ardeur qu'a souvent couron-
née le succès.

Parmi toutes ces femmes qui travaillent et produisent,
beaucoup sont mariées et alors se pose la question de
savoir par qui et comment il sera disposé des produits
de leur travail.

Il semble que pareille question soit résolue d'emblée,
car il est aussi logique que juste de donner à qui a
produit une chose le droit d'en jouir librement.

Cependant notre Code civil a réglé les intérêts pécuniaires des époux de telle sorte, que le mari se trouve
avoir en fait un pouvoir de disposition à peu près
absolu sur les gains de sa femme. Cette solution, sans
inconvénients en un temps où ces gains étaient à peu
près nuls, a suscité dans ces dernières années de vives
réclamations. On a proposé d'abandonner sur ce point
la conception surannée de notre Code civil, et divers
projets en ce sens ont été soumis à l'approbation du
Parlement français.

La question ainsi posée mérite d'éveiller toute la
sollicitude du législateur; elle intéresse au plus haut
point la bonne constitution de la famille, et par là elle
ne saurait trouver indifférent aucun citoyen.

Pour se faire une opinion raisonnée sur la valeur,
l'opportunité et la portée des réformes aujourd'hui pro-
posées, il faut d'abord se demander quel est exactement le sort que notre loi civile fait aux produits du

travail de la femme sous les divers régimes matrimoniaux.

Nous devons ensuite examiner comment les législations étrangères ont essayé de résoudre la difficulté, en
ayant soin, chemin faisant, de noter les caractéristiques
de mœurs et d'organisation familiale expliquant la di-
versité et la variété des lois des autres pays.

C'est alors que nous trouverons le moment venu
d'aborder en connaissance de cause l'étude des projets
de réforme qui ont vu le jour en France. Nous en
ferons la critique et nous concluerons en exposant dans
quel sens la réforme, si elle est désirable, doit être
conçue et réalisée.

Tel sera le plan de cette étude.

## PREMIÈRE PARTIE

# LÉGISLATION FRANÇAISE

—

## CHAPITRE PREMIER

### DROITS DE LA FEMME MARIÉE SUR SES GAINS PERSONNELS SOUS LES DIFFÉRENTS RÉGIMES MATRIMONIAUX

—

Au moment d'aborder ce chapitre consacré à l'étude du sort fait par la loi aux gains personnels de la femme mariée, il convient de rappeler que les rédacteurs du Code civil ont inscrit en tête du titre du Contrat de mariage (1) le principe de la liberté des conventions matrimoniales. En théorie par conséquent, il faudrait répondre d'un mot à la question qui fait l'objet de cette partie de notre travail : les droits du mari et de la femme sur les gains personnels de celle-ci dépendent uniquement de la volonté des époux exprimée dans leur contrat de mariage.

La seule difficulté consisterait alors à se demander

(1) Art. 1387, C. civ.

si les futurs époux sont libres de régler à leur gré le
sort de ces biens, point qui sera d'ailleurs examiné ultérieurement. Cependant il faut se hâter de remarquer
que, les époux n'étant pas obligés de rédiger un contrat
de mariage, la loi à dû se préoccuper de régler elle-
même les intérêts pécuniaires respectifs de ceux qui
seraient mariés sans contrat; elle a dû adopter un régime légal, régime de droit commun, à appliquer en
l'absence de tout autre.

D'autre part, même lorsque les futurs conjoints font
dresser un contrat de mariage, l'expérience a montré
qu'ils se réfèrent presque toujours à l'un des quelques
régimes qui étaient d'un usage courant dans les diverses
parties de l'ancienne France, régimes que le Code,
pour la commodité des parties, a expressément régle-
mentés. De telle sorte que, pour connaître quels sont
en pratique les droits de la femme sur les produits de
son travail, il suffit d'étudier ces régimes nuptiaux
prévus par le Code.

Ils peuvent être répartis en quatre groupes : le
premier comprenant les régimes de communauté (légale
et conventionnelle) ; le second le régime excluant la
communauté ; le troisième la séparation de biens contractuelle ; le dernier le régime dotal.

## SECTION PREMIÈRE

### RÉGIMES DE COMMUNAUTÉ.

Sous cette rubrique on peut logiquement faire figurer le régime de communauté légale et tous les régimes de communauté conventionnelle réglés par les articles 1497 à 1528 du Code civil.

La raison qui justifie ce groupement, c'est que tous ces régimes se ressemblent en ce qu'ils supposent tous l'existence d'un patrimoine commun, distinct du patrimoine propre de chaque conjoint et qui comprend toujours, ainsi que nous le verrons, le produit du travail des deux époux. Si bien que sous tous ces régimes les gains personnels de la femme auront le même sort.

Le régime de la communauté légale se caractérise par la division des biens des époux en trois patrimoines : un patrimoine propre à chacun des conjoints et un patrimoine commun.

Ce dernier est destiné avant tout à subvenir aux charges du ménage et doit, à la dissolution du régime, être partagé entre les deux époux, comme l'actif social se partage entre associés.

A ce point de vue la communauté légale constitue une société véritable ; elle est soumise seulement à

certaines règles spéciales appropriées par la loi à la
nature et au but de l'association conjugale. Le Code a
dérogé ici à la règle admise dans les sociétés ordinaires, qui donne en principe à tous les associés des
droits égaux, tant pour l'administration que pour la
disposition de l'actif social. Cette égalité de droits
n'existe pas entre époux ; le mari est seul administrateur du patrimoine commun, la femme n'a aucune part
personnelle à cette administration. Mieux que cela, le
mari n'a pas seulement les pouvoirs d'un associé qui
aurait reçu de ses coassociés ou de la loi le droit de
gérer la société ; un tel gérant n'aurait que des pouvoirs d'administration ordinaires. Le mari, lui, a sur
les biens communs des pouvoirs autrement étendus ; il
peut, sauf certaines restrictions peu nombreuses que
nous précisons plus loin, disposer de ces biens comme
de ses biens propres. Sans être, selon l'énergique expression de nos anciens auteurs, « seigneur et maître
de la communauté », il a sur elle des droits extrêmement étendus.

Au contraire du patrimoine commun, le patrimoine
propre de chaque époux reste sa propriété privée ; l'époux
peut en disposer librement comme tout propriétaire le
peut faire de sa chose. Ceci est absolument vrai du
mari ; c'est vrai également de la femme, mais sous la
réserve de l'incapacité qui la frappe en tant que femme
mariée, et qui l'empêche en principe de disposer de son
bien sans l'autorisation du mari ou de justice.

Sans préciser davantage les droits de chaque époux sur les trois patrimoines que suppose le régime de communauté légale, il est facile de voir, par le simple aperçu qui précède, que les droits du mari et de la femme sur les gains personnels de celle-ci varieront suivant que ces gains feront partie de l'un ou de l'autre des trois patrimoines.

La première question qui s'impose maintenant est donc celle de savoir ce que va comprendre, sous notre régime, le patrimoine commun et aussi le patrimoine propre de chaque conjoint.

Le patrimoine commun se compose activement de trois éléments :

1° Le mobilier de chacun des époux, soit qu'il en eût la propriété au jour du mariage, soit qu'il l'ait acquis au cours de l'union conjugale.

2° Les fruits des biens propres des époux (art. 1401, § 2) ; ce qui revient à dire que la communauté est usufruitière de ces biens.

3° Les immeubles acquis à titre onéreux par l'un ou l'autre époux pendant le mariage (1) (art. 1401, § 3). Solution éminemment équitable, ces immeubles étant acquis normalement avec des deniers puisés dans la caisse commune.

En regard du patrimoine commun il est nécessaire de

_____

(1) On doit assimiler à ces immeubles ceux qui seraient acquis par l'un des époux pendant le temps écoulé entre la rédaction du contrat et la célébration du mariage (art. 1404, § 2).

placer les deux patrimoines propres des époux. Chacun d'eux se compose :

1° Des immeubles acquis par le conjoint avant son mariage (art. 1402 *in fine* et 1404, § 1).

2° Des immeubles qu'il a acquis à titre gratuit pendant le mariage (art. 1404, § 1 *in fine* et 1405) (1).

3° D'un certain nombre de meubles qui doivent rester propres à chacun des époux par dérogation à la règle générale qui veut que tout le mobilier présent ou futur tombe en communauté. Il en est ainsi : des meubles donnés ou légués à l'un des époux quand le donateur ou testateur a déclaré que le bien donné devrait rester propre au donataire ou légataire ; des choses qui proviennent d'un propre, mais qui ont le caractère de produits et non de fruits ; des droits mobiliers incessibles, tels qu'une rente viagère dont le constituant a interdit la cession, et qui doivent rester fixés sur la tête de l'époux titulaire, etc...

La composition des patrimoines propres et du patrimoine commun étant ainsi nettement déterminée, il devient aisé de voir dans lequel des trois vont figurer les gains réalisés par la femme au cours du mariage (2).

---

(1) Il faut ajouter certains immeubles qui sont acquis à titre onéreux pendant le mariage, mais que la loi pour des raisons d'ordres divers déclare, exceptionnellement, propres à l'époux acquéreur. Tels sont l'immeuble acquis en échange (art. 1407) ou en remploi (art. 1434, 1435) d'un immeuble propre.

(2) Quant aux gains qu'elle aurait réalisés antérieurement au mariage, leur sort varie suivant qu'au jour de la célébration ils se présen-

Ce que gagne celle-ci c'est ordinairement de l'argent; ce peut être exceptionnellement un droit mobilier personnel, tel qu'une créance ou, plus exceptionnellement encore, un meuble corporel. Mais dans tous ces cas la règle sera la même, et ce gain tombera en communauté en vertu de l'article 1401, § 1er qui fixe ainsi le sort des meubles acquis pendant le mariage.

Si même la femme acquérait comme rémunération de son travail un immeuble, celui-ci tomberait encore dans le patrimoine commun en vertu de l'article 1401, § 3 ; il est en effet un immeuble acquis pendant le mariage à titre onéreux, la femme ayant fourni son travail comme contre-valeur de l'immeuble acquis.

Enfin il est à noter que si le gain de la femme réalisé en argent avait été, au cours du mariage, transformé par voie d'acquisition en un autre bien, meuble ou immeuble, celui-ci serait encore commun dans tous les cas, soit en vertu du § 1er de l'article 1401 s'il s'agit d'un meuble, soit en vertu du § 3 s'il s'agit d'un immeuble.

Ainsi donc sous le régime de communauté légale, le produit du travail personnel de la femme, sous quelque forme qu'il se présente, tombe toujours dans le patrimoine commun.

---

tent sous forme de meubles ou d'immeubles. Dans le premier cas, s'ils consistent par exemple en argent, créances, meubles meublants, ils tombent dans l'actif commun ; dans le second cas ils restent propres à la femme.

Sous le régime de la *communauté réduite aux acquêts* (1), il en est absolument de même. Ce régime diffère de celui de communauté légale, quant à la composition du patrimoine commun, à un double point de vue :

*a*) Les biens que possèdent les époux au jour du mariage leur restent propres ; la communauté ne comprend que des biens acquis au cours du mariage.

*b*) Parmi ces derniers, ceux qui sont acquis à titre gratuit par l'un des époux lui restent ; la communauté ne comprend que ceux qui sont acquis à titre onéreux.

L'actif commun comprend donc :

1° Les produits du travail ou de l'industrie des époux ;

2° Les fruits et revenus des propres ;

3° Les acquêts, c'est-à-dire les biens acquis à titre onéreux par l'un ou l'autre des époux au cours du mariage.

De même la clause de réalisation des meubles (2) n'exclut de la communauté que le mobilier présent des époux ou celui qui leur adviendra au cours du mariage à titre gratuit ; elle laisse tomber dans l'actif commun les biens acquis à titre onéreux et parmi eux les gains professionnels des époux.

---

(1) Art. 1498, 1499, C. civ.
(2) Art. 1500 à 1504, C. civ.

Il en est de même de la clause d'ameublissement (1) qui consiste simplement à adjoindre les immeubles présents ou futurs à l'actif de la communauté légale.

Quant aux autres régimes de communauté conventionnelle prévus par le Code : clause de séparation de dettes (2), clause de reprise d'apport franc et quitte (3), clause de préciput conventionnel (4), clause attribuant aux époux des parts inégales dans la communauté (5), clause de communauté universelle (6), ces régimes modifient soit le passif commun, soit le partage de la communauté, mais ils ne touchent pas à la composition de l'actif lequel comprend toujours, comme dans la communauté légale, les produits de l'industrie personnelle des époux.

Comme d'autre part les pouvoirs du mari sur les biens communs sous les régimes de communauté conventionnelle prévus au Code sont les mêmes que sous la communauté légale (art. 1528 C. civ.), on doit en conclure que sous tous ces régimes, la condition juridique des gains de la femme est identique à ce qu'elle est sous la communauté légale.

---

(1) Art. 1505 à 1509 C. civ.
(2) Art. 1510 à 1513.
(3) Art. 1514.
(4) Art. 1515 à 1519.
(5) Art. 1520 à 1525.
(6) Art. 1526.

Nous nous bornerons donc sur ce point à exposer les régles du régime légal.

Mais si dans tous les régimes de communauté, l'actif commun comprend les produits du travail de la femme, il est des cas où l'on peut se demander quelle est exactement la chose gagnée par la femme, chose qui tombe à ce titre en communauté. Nous voulons parler des cas où la femme a, par son travail, acquis des droits de propriété littéraire, artistique, le droit à une pension, retraite ou rente viagère, et enfin du cas où elle a employé tout ou partie de ses gains personnels à payer les primes d'une assurance sur la vie.

### Propriété artistique et littéraire.

Lorsqu'au cours du mariage la femme est l'auteur d'une œuvre littéraire ou artistique, les bénéfices que lui ont valus sa publication, sa reproduction ou sa représentation tombent évidemment dans la communauté comme y tomberaient les produits d'un travail de nature industrielle.

Mais que dire du droit de propriété lui-même ? Tombe-t-il dans le patrimoine commun ou bien reste-t-il propre à la femme ? Il n'y a pas de difficulté tant que le manuscrit n'a pas été édité. Le droit de la femme sur celui-ci n'est pas un droit pécuniaire, c'est simplement le droit qui appartient à toute personne

sur sa pensée ; et on ne peut encore parler ici de propriété littéraire. Peut-être l'œuvre était-elle, dans l'esprit de celui qui l'a conçue, destinée à ne jamais voir
le jour ; peut-être n'était-elle qu'une ébauche. Attribuer
cette œuvre à la communauté serait priver la femme
d'un des droits les plus personnels qu'il soit possible
d'imaginer.

Mais si l'œuvre a été publiée, la question de savoir à
qui appartient ici le droit de propriété devient fort délicate et fort importante. Si en effet ce droit reste sur la
tête de la femme auteur de l'œuvre, la communauté
aura seulement droit aux bénéfices produits par l'œuvre
au cours du mariage, tout comme elle a droit aux fruits
des propres des époux.

Si au contraire le droit de propriété littéraire et
artistique tombe lui-même dans la communauté, celle-ci
touchera, tant que dure le mariage, tous les bénéfices,
produits de l'œuvre.

Et lorsqu'arrivera la dissolution, le conjoint non
auteur ou ses héritiers ont encore droit à leur part sur
le produit des œuvres du conjoint auteur, et cela jusqu'au jour où l'œuvre sera tombée dans le domaine
public.

La solution dépend de la nature qu'on doit reconnaître
au droit de propriété littéraire et artistique, nature qui
ne peut plus être douteuse aujourd'hui. Dans l'ancien
droit, l'auteur d'une œuvre n'en avait pas à proprement
parler la propriété : il ne pouvait prétendre à un droit

exclusif sur le fruit de son intelligence que tout autant
qu'il avait obtenu du roi un privilège pour la publication et, la durée du privilège expirée, l'ouvrage tombait
dans le domaine public d'où il n'était sorti que par une
faveur du pouvoir, et non en vertu d'un droit inhérent
à la qualité d'auteur.

Mais la loi du 19 janvier 1791, soucieuse de mettre
en pratique les principes contenus dans la *Déclaration
des droits de l'homme* et d'attribuer à chacun un droit
exclusif sur les produits de son travail, reconnut aux
auteurs un droit de propriété véritable sur leurs œuvres.
Si elle limita la durée de ce droit dans le cas où
il serait passé aux héritiers de l'auteur, ce fut dans un
but d'utilité publique, afin que l'œuvre, faite en somme
pour le public, lui appartint en définitive un jour ou
l'autre.

La limitation de la durée du droit ne touchait cependant en rien à sa nature : il constituait un vrai droit de
propriété. Les autres actes législatifs postérieurs à la
loi de 1791, le décret du 19 juillet 1793, celui du 5 février 1810, la loi du 8 avril 1854, celle du 14 juillet 1866,
qui régit encore aujourd'hui la matière, ont prolongé le
droit des héritiers de l'auteur, mais n'ont pas modifié
la nature de ce droit telle qu'elle avait été établie par
la loi de la Révolution.

Or, si la propriété littéraire ou artistique est un droit
de propriété véritable, comme elle est évidemment un
droit mobilier, un acquêt au sens propre du mot, il faut

reconnaître qu'elle doit faire partie du patrimoine commun. Telle est la seule solution rationnelle tirée de la nature même des choses.

Elle est d'ailleurs confirmée par l'examen des travaux préparatoires de la loi de 1866. On lit dans l'exposé des motifs. « Déjà (antérieurement à 1866) la nature mobi« lière qui a été reconnue au droit d'auteur, faisait en« trer dans la communauté conjugale non seulement les « produits du droit, mais le droit lui-même. »

Il semble bien, du reste, que le texte de la loi de 1866 (article 1), a tranché définitivement la question en réservant formellement au conjoint survivant, sur l'œuvre de son époux prédécédé, non seulement un droit de jouissance, mais tous « les droits qui peuvent ré« sulter en sa faveur du régime de communauté ». N'a-t-on pas voulu dire par là que le droit de propriété littéraire subissait le sort commun à tous les autres droits mobiliers? C'est vainement, nous semble-t-il, qu'on tenterait une autre interprétation.

Il est à remarquer enfin que l'attribution à la communauté du droit de propriété littéraire et artistique est la seule solution qui se puisse admettre en bonne logique : pourquoi la propriété d'une œuvre, produit du travail de la femme, n'appartiendrait-elle pas à la communauté, tout comme les autres droits résultant de son activité? Il y a évidemment même raison de décider, et cela est si vrai que si la propriété de l'œuvre est cédée au cours du mariage, tout le monde admet sans hésita-

tion que le prix de cession tombe en communauté sans
récompense. Comment songer dès lors à une solution
différente pour le droit lui-même, droit que le prix
de vente remplace (1).

L'opinion contraire est cependant soutenue (2). Elle
se fonde avant tout sur cette idée que la propriété littéraire ou artistique est un droit d'une nature toute spéciale qui doit toujours rester personnel à l'auteur de
l'œuvre.

« Que le droit de propriété littéraire soit mobilier,
« nous le croyons, dit un auteur (3) ; mais nous croyons
« en même temps que ce droit mobilier ne ressemble à
« aucun des droits mobiliers dont notre Code s'occupe ;
« c'est un droit d'une nature tout à fait particulière,
« ayant des conditions d'existence qui lui sont propres,
« et ne pouvant dès lors se plier à toutes les règles qui
« régissent les autres droits mobiliers. »

Cette prémisse ne paraît pas exacte ; elle est contraire à l'esprit du Code civil qui ne distingue (art. 516)

---

(1) Flourens, *Commentaire de la loi du 14 juillet 1866*, p. 268. —
Aubry et Rau, t. V, § 307, texte et note 11. — Demolombe, t. IX,
n° 439. — Guillouard, *Contrat de mariage*, t. I, n° 382. — Comp.
Paris, 13 mars 1880, Dal., 80, 2, 169. — Cass., 16 août 1880, Sir., 81,
1, 25. (Note de M. Lyon-Caen).

(2) Toullier, XII, n° 116, p. 203. — Renouard, *Des droits d'auteur*,
p. 251. — Bertauld, *Questions pratiques*, 1re série, n° 274 et suiv. —
Pouillet, *Traité de la propriété littéraire et artistique*, 2e édition,
n° 184 et suiv., p. 209. — En ce sens : Paris, 3 avril 84, Sir., 84, 2, 120.

(3) Pouillet, op. cit., n° 186, p. 214.

que deux sortes de biens, les meubles et les immeubles, sans se préoccuper, pour déterminer leur situation juridique, de leur nature plus ou moins spéciale.

La théorie qui fait de la propriété littéraire ou artistique un droit d'une nature particulière, devant toujours rester propre à l'auteur de l'œuvre de littérature ou d'art, manque donc de fondement juridique; elle semble à ce titre destinée à être abandonnée.

### Retraites, pensions, dotations, rentes.

Il arrive parfois que la femme mariée acquiert par son travail au cours du mariage des droits à une pension, retraite, dotation ou rente. On peut se poser, à propos de tous ces droits, une question analogue à celle qui vient d'être résolue pour la propriété littéraire et artistique.

Qu'est-ce qui tombe en communauté comme produit de l'activité de la femme? Sont-ce uniquement les annuités ou arrérages de la pension ou bien est-ce aussi le droit lui-même? Pour les annuités et arrérages, il n'est pas douteux qu'ils appartiennent à la communauté en tant que fruits ou revenus des biens des époux. Mais que décider quant au droit lui-même?

L'intérêt de la question se manifeste en cas de séparation de biens judiciaire ou de dissolution par la mort du conjoint non titulaire : car si le droit reste propre à

l'époux qui en est titulaire, celui-ci reprend, à partir de
la séparation ou de la mort du conjoint, son droit de
jouissance exclusive et l'autre époux ou ses héritiers ne
peuvent plus rien toucher de ce chef ; au contraire les
annuités ou arrérages continueraient à être partagés si
le droit était entré en communauté.

Présentée sous ce jour, la question est facile à résoudre. Le droit à la pension, à la retraite. à la rente
doit tomber en communauté parce qu'il constitue lui-
même le produit du travail de l'époux.

Mais il faut remarquer que très souvent, la loi elle-
même déclare ces droits incessibles et insaisissables
pour les réserver d'une manière certaine et irrévocable
à celui qui en est titulaire ; et cette particularité s'op-
posera à ce qu'ils tombent dans le patrimoine commun,
car leur entrée dans la communauté équivaudrait à une
aliénation.

C'est ainsi que les pensions de réforme ou de retraite, les pensions militaires de la Légion d'Honneur,
les rentes viagères de la caisse des retraites pour la
vieillesse, organisée par la loi du 8 mars 1850, les
indemnités accordées aux victimes du coup d'Etat du
2 décembre 1851 par la loi du 30 juillet 1881, restent
propres à l'époux qui en est titulaire, à la femme pour
ceux de ces droits qu'elle est capable d'acquérir ; et la
communauté ne peut prétendre qu'aux fruits et arrérages.

Mais c'est là une exception, et toutes les fois que

la loi ne l'aura pas déclaré expressément incessible et insaisissable, un pareil droit tombera en communauté (1).

### Assurances sur la vie.

Peu de matières ont donné lieu à autant de difficultés que celle des assurances sur la vie, parce que ce contrat, usuel aujourd'hui, suppose des idées de prévoyance qui n'avaient pas cours au début de ce siècle. Le Code civil ne l'avait pas prévu et la jurisprudence qui en a édifié la théorie de toutes pièces a dû le faire en lui adaptant les prescriptions d'une loi qui n'avait pas été faite pour lui.

Il ne saurait d'ailleurs être question ici de toutes les difficultés qui naissent de ce contrat.

Nous nous placerons dans l'hypothèse où une femme mariée emploie tout ou partie de ses gains personnels à la constitution d'une rente sur la vie au profit soit d'un tiers, soit d'un enfant, soit de son mari, soit d'elle-même, et nous nous demanderons quels sont, dans ces divers cas, sur le capital stipulé, les droits de chacun des époux.

Il peut se faire d'abord que la femme, dûment auto-

(1) Troplong, *Contrat de mariage*, t. I, nᵒˢ 409, 410. — Rodière et Pont, *Contr. de mariage*, t. I, nᵒ 425. — Guillouard, id., t. I, nᵒ 389. — Teyssier et Deloynes, *Traité de la communauté d'acquêts*, p. 160. — Cass., 2 févr. 1830 (D. 30, 1, 116); Alger, 11 mars 85 (D. 85, 2, 222).

risée (1), contracte une assurance au profit d'une personne non désignée au contrat, de sorte que le capital stipulé devra être payé au décès de la femme, *à ses héritiers ou aux personnes qu'elle s'était réservé d'indiquer*. Dans ce cas et en se plaçant au moment du contrat, la créance du capital, acquise par la femme avec les économies faites sur ses gains, tombe en communauté (art. 1401 1°, 1498), et le mari a sur elle les pouvoirs qu'il exerce sur tout le reste du patrimoine commun (2). Et lorsque plus tard interviendra la désignation du tiers, celui-ci prendra rétroactivement la place de la femme et de la communauté.

La femme peut en second lieu contracter une assurance sur la vie au profit d'un tiers désigné. Ce sera par exemple l'un de ses parents ou son enfant d'un précédent mariage. En ce cas le bénéfice du contrat appartient au bénéficiaire désigné (3). L'opération s'analyse en effet en une donation de biens de communauté faite par la femme avec l'autorisation du mari, donation considérée généralement comme valable.

---

(1) Il est certain que l'incapacité générale de la femme mariée s'oppose à ce qu'elle puisse valablement contracter une assurance sur la vie sans l'autorisation spéciale de son mari ou de justice.

(2) Agnel, *Manuel général des assurances*, n° 456. — Couteau, *Traité des assurances sur la vie*, n° 564. — Cass., 15 déc. 1873. — Dal., 74, 1, 113.

(3) On a cependant soutenu que le bénéficiaire n'avait droit au capital stipulé que si celui-ci tombait dans le lot de la femme lors du partage de la communauté. (Voy. Courtois, *Revue du notariat*, 1880, n° 6012, p. 349).

Un autre cas peut encore se présenter : c'est celui où la femme a contracté elle-même l'assurance à son profit sur la tête de son mari avec l'autorisation de ce dernier. Le capital que la femme a ainsi stipulé à son profit en cas de prédécès de son mari, tombe-t-il en communauté, ou bien est-il propre à la femme?

La question n'est pas sans difficulté. On pourrait soutenir que le contrat d'assurance intervenu entre la femme et la Compagnie est à titre onéreux, et que le capital ainsi stipulé forme un acquêt de communauté (1). Mais on admet plus généralement qu'il est acquis par la femme à titre de propre. La femme en stipulant pour elle-même, et le mari en l'autorisant, ont voulu que le capital promis profitât exclusivement à la femme, et rien ne leur interdit de disposer ensemble à titre gratuit des biens communs au profit de la femme; cela ils le peuvent, comme ils le pourraient au profit d'un étranger (2). Il en serait de même pour les mêmes raisons au cas où la femme assistée a contracté l'assurance au profit de son mari; le capital appartient en propre au mari (3).

Enfin il arrive souvent qu'une assurance sur la vie est contractée par les deux époux au profit du survi-

___

(1) Voy. Caen, 6 déc. 1881, Sir., 83, 2, 33.

(2) Agnel, op. cit., nº 459. — Couteau, op. cit., nº 565. — Il est à rappeler ici que cette disposition, comme toute donation entre époux, est essentiellement révocable.

(3) Paris, 26 nov. 1878, Dal., 79, 2, 152.

vant d'entre eux et que les primes sont payées en partie avec les gains personnels de la femme.

On peut se demander si le capital assuré reste en dehors de la communauté et appartient pour le tout au survivant ; et notamment si, en cas de prédécès du mari, la femme recueillerait le capital tout entier alors même qu'elle renoncerait à la communauté. La doctrine et la jurisprudence sont en général d'accord pour admettre cette conséquence (1).

La difficulté provient de ce fait que le contrat d'assurance est un contrat à titre onéreux, dont le bénéfice, le capital assuré, devait régulièrement tomber en communauté. Mais il est intéressant de remarquer que si le contrat est à titre onéreux entre les Compagnies d'assurances et les époux, il renferme quant à ceux-ci une double libéralité réciproque : Chacun, pour le cas de prédécès, donne à son conjoint la part qui lui reviendrait en qualité d'époux commun dans le capital stipulé, et de plus le mari donne à la femme le capital entier pour le cas où elle survivrait et où elle répudierait la communauté.

Les donations étant permises entre époux, l'attribution du capital entier au survivant se justifie juridiquement (2).

(1) Couteau, op. cit, nº 571 et suiv. Cass., 28 mars 77, Dal., 77, 1, 241.
(2) Il est vrai que l'article 1097 C. civ. interdit aux époux de se faire aucune donation mutuelle et réciproque dans un seul et même

L'étude à laquelle nous venons de nous livrer nous a montré que les produits du travail de la femme mariée sous les régimes de communauté font partie de l'actif commun. Pour savoir quels sont les droits qui appartiennent sur eux à la femme, nous n'avons qu'à nous demander quels sont sur les biens communs les pouvoirs respectifs du mari et de la femme.

Les pouvoirs du mari sont définis par l'article 1421 du Code civil : « Le mari administre seul les biens de « la communauté. Il peut les vendre, aliéner et hypo- « théquer sans le concours de la femme. »

Ainsi le mari a sur le patrimoine commun un droit d'administration très large qui se rapproche en fait du droit qui appartient à tout propriétaire sur son patrimoine.

La loi n'apporte à ce droit, pour ainsi dire absolu, qu'une restriction qui est relative à l'aliénation à titre gratuit : d'une part, le mari ne peut donner entre vifs les immeubles de communauté ; il ne peut pas non plus disposer à titre gratuit de l'universalité ou d'une quotité de mobilier ; il ne peut donc en disposer qu'à titre particulier et à condition de ne pas s'en réserver l'usufruit (art. 1422 C. civ.).

acte ; ce qui tendrait à faire annuler la convention intervenue. Mais on admet que cet article 1097 ne vise que les donations faites dans la forme des actes notariés et ne s'applique pas quand il s'agit d'avantages consentis comme accessoires d'un contrat onéreux, ce qui est ici le cas.

D'autre part, il ne peut faire de donation testamentaire excédant sa part dans la communauté (art. 1423).

En dehors de cette double restriction, le droit de disposition du mari sur les biens de communauté est absolu. Ces biens sont censés lui appartenir : il peut non seulement les aliéner ou les hypothéquer comme tout propriétaire peut le faire, mais il peut encore les engager par ses dettes.

Toutes les dettes contractées par le mari, soit au profit de la communauté, soit à son profit personnel, grèvent les biens de la communauté, que les créanciers du mari peuvent faire vendre comme s'ils appartenaient à leur débiteur (art. 1409 C. civ.).

Le mari engage même les biens communs pour les dettes nées de ses délits (art. 1424 C. civ.).

Il est seulement à noter pour les dettes du mari que si elles peuvent être toujours poursuivies sur le patrimoine commun (droit de poursuite), en principe, elles n'engagent ce patrimoine définitivement que si elles ont été faites dans l'intérêt de la communauté. Si elles sont au contraire nées dans le seul intérêt du mari, elles ne grèvent la communauté qu'au regard des tiers ; celle-ci ne les supporte qu'à charge de récompense par le mari (art. 1437 C. civ.).

Tels sont les droits que la loi a donnés au mari sur les biens communs. Quels droits a-t-elle donnés à la femme ?

La femme mariée n'a sur le patrimoine commun

aucun droit d'administration. L'article 1421 attribue ce droit au mari *seul*.

En conséquence, la femme ne peut aliéner les biens de la communauté ; elle ne les engage pas par les dettes qu'elle contracterait personnellement sans l'autorisation du mari, quand même elle aurait obtenu l'autorisation de justice (art. 1426) (1).

Ainsi donc, la femme n'a sur les biens communs aucun droit propre ; par elle-même, elle ne peut rien sur eux.

Il n'y a qu'un cas sur lequel a été admise une dérogation à ce principe très certain : c'est celui où la femme a contracté des dettes pour les besoins journaliers du ménage.

D'une part, il est matériellement impossible que le mari donne son autorisation pour chacun de ces actes ; d'autre part, il est de toute nécessité, dans l'intérêt du crédit de la famille, que la femme puisse les accomplir elle-même et, ce faisant, oblige la communauté. C'est pourquoi la pratique a, par une application extensive de l'article 1420, admis que la femme serait réputée alors agir sur le mandat tacite de son mari et, en cette qualité de mandataire, obligerait le mari et la communauté.

---

(1) Par exception, la femme marchande publique qui contracte pour les besoins de son commerce engage les biens communs ; il en est de même quand la femme s'oblige, avec l'autorisation de justice, pour tirer le mari de prison, ou pour l'établissement des enfants communs en cas d'absence du mari (art. 1426, 1427).

Mais à part cette exception tirée de la nature même des choses, les droits de la femme sur les biens communs sont nuls.

Si maintenant nous appliquons les règles précédentes aux gains personnels de la femme, l'injustice du régime de communauté à l'égard de l'épouse va nous apparaître flagrante. Les gains personnels, les salaires de la femme étant des acquêts de communauté, le mari a le droit, en sa qualité d'administrateur, de les percevoir. Si en pratique il laisse la femme les toucher elle-même, c'est par une simple tolérance ou, juridiquement, en vertu d'un mandat tacite qu'il peut toujours révoquer. En tous cas, lorsque la femme a touché son salaire, le mari a le droit d'exiger qu'elle le verse dans la caisse commune, c'est-à-dire qu'elle le lui remette à lui-même.

Sur les sommes ainsi perçues le mari a des droits de disposition à peu près absolus : il peut les dépenser librement, soit dans l'intérêt du ménage, soit dans son intérêt personnel, sans que la femme ait aucun droit de contrôle. Si même celle-ci a pu les soustraire provisoirement à sa prodigalité et les a employés à l'acquisition des différents biens utiles au ménage ou à elle-même, le mari conserve sur ces biens les mêmes droits de disposition que sur le salaire consistant en argent. Enfin il peut encore disposer de ces gains indirectement, car s'il a contracté des dettes, quelle que soit leur nature, qu'elles aient été faites dans l'intérêt du ménage ou dans son intérêt personnel, les créanciers pourront, pour obtenir paiement, saisir les sommes provenant des gains de la femme, comme ils pourraient saisir tous les autres biens communs.

Quant à la femme, elle n'a sur ses gains aucun droit, si ce n'est celui de les dépenser ou de les engager, comme mandataire tacite du mari, jusqu'à concurrence des besoins journaliers du ménage.

En résumé, sous les régimes de communauté prévus par le Code, la loi permet au mari de se comporter à l'égard des gains personnels de la femme comme s'il en était propriétaire, il peut librement les employer à son profit ou les dissiper sans que la femme ait aucun droit de contrôle ni aucun moyen pour les soustraire à l'usage abusif que peut en faire le mari.

## SECTION II

### RÉGIME SANS COMMUNAUTÉ.

Ce régime, comme son nom l'indique, et à la différence des régimes de communauté, ne produit pas entre les époux une société de biens ; chacun d'eux conserve à titre de propres les biens qu'il possède au moment du mariage, comme aussi ceux qui lui adviennent au cours de l'union, à titre onéreux ou à titre gratuit ; chacun des époux pareillement doit supporter seul sous ce régime les dettes qu'il a contractées avant le mariage ou celles qu'il contractera pendant son cours.

De cette notion essentielle dans laquelle s'analyse le régime sans communauté, il semblerait qu'il dût logiquement résulter pour la femme le droit d'administrer seule son patrimoine, et même le droit d'en jouir seule à condition pour elle de participer aux charges du ménage qui doivent évidemment incomber aux deux époux. Telle n'est pas cependant la solution sanctionnée par les rédacteurs du Code de 1804 ; l'article 1530 dit au contraire expressément : « La clause portant que les « époux se marient sans communauté ne donne point « à la femme le droit d'administrer ses biens ni d'en « percevoir les fruits : ces fruits sont censés apportés « au mari pour soutenir les charges du mariage. »

Le mari a donc en vertu de ce texte la jouissance des biens de la femme ; il acquiert tous les produits de ces biens ayant le caractère de fruits, c'est-à-dire tous ceux qui naissent périodiquement du bien et qu'il est dans sa nature de produire, *quidquid ex re nasci aut renasci solet.*

L'explication de cette règle est surtout d'ordre historique et se rattache au droit féodal. Dans les pays coutumiers, la femme en se mariant en communauté faisait acquérir à son mari un droit d'usufruit sur ses biens. Il en résultait donc une sorte du mutation qui se produi-

sait au détriment du domaine du seigneur ; d'où l'obligation de payer un droit de relief ou de rachat pour les
fiefs que la femme possédait en se mariant. Mais les
vassaux cherchèrent à s'affranchir progressivement de
cette obligation fort onéreuse pour eux et prétendirent
notamment que le droit de relief ne pouvait être équitablement dû au seigneur lorsque le mariage de la femme
n'aurait point été accompagné d'une stipulation de
communauté.

Les seigneurs, jaloux au contraire de conserver les
bénéfices du relief, prétendirent que le droit pour le
mari de faire siens les revenus de la femme résultait
non de la communauté elle-même, mais de la puissance
maritale qu'il avait de par le mariage sur la personne
et les biens de la femme, et que par suite, l'absence de
communauté n'enlevait aucune utilité et ne pouvait
porter aucune atteinte au droit de relief.

Finalement l'opinion prévalut dans la jurisprudence
féodale qu'en effet le droit de jouissance du mari tenait
essentiellement à sa puissance maritale et que par suite
il ne suffisait point à la femme de stipuler l'exclusion
de communauté pour conserver l'administration et la
jouissance de son patrimoine. L'article 1531 apparaît
donc comme la consécration dernière d'une règle coutumière ancienne. En vertu de cette règle, le mari administrera les biens de la femme sous le régime qui
nous occupe, comme il les aurait administrés sous les
régimes en communauté ; il en aura en outre la jouis-

sance, en percevra tous les fruits et revenus pour les faire siens.

Dès lors, se pose naturellement la question de savoir jusqu'où va, sous ce régime, le droit du mari à l'égard des gains du travail personnel de la femme.

En d'autres termes, le mari ayant droit, sous le régime sans communauté, aux revenus des biens de la femme, a-t-il pareillement droit aux bénéfices qu'elle retire de l'exercice de son industrie, de sa profession, ou de son talent artistique ou littéraire ?

La question est controversée et n'est point en effet sans présenter quelque difficulté.

Nous croyons avec une partie très autorisée de la doctrine (1) qu'il faut refuser au mari le droit de s'approprier les gains du travail personnel de la femme.

Si, en effet, l'activité productrice, l'industrie, le talent sont volontiers considérés par les économistes comme des biens, il faut se garder, croyons-nous, d'assimiler leurs produits à de véritables fruits au point de vue civil.

D'une part cette assimilation méconnaîtrait le caractère particulier des profits du travail humain. Ces profits impliquent une déperdition fatale et irréparable de l'énergie qui les produit, et ils ne se réalisent jamais

(1) Aubry et Rau, t. V, § 531, p. 515, 516, texte et notes 18 et 19. — Guillouard, *Contrat de mariage*, t. III, p. 524. — Toullier, t. XIV, no 23, p. 27. — *Contra* : Dal., Rép., Vo *Contr. de mariage*, nos 3107 et 3085. — Marcadé, t. VI, p. 5 et 6.

avec la même régularité périodique que les fruits ou les récoltes de la terre.

D'autre part et surtout, l'assimilation que nous combattons méconnaîtrait la volonté manifestée par le législateur lui-même. L'article 1498 du Code civil distingue en effet très-nettement, sous le régime de la communauté d'acquêts, les fruits des biens ordinaires et les produits du travail. Il dispose que sous ce régime « le « partage se borne aux acquêts faits par les époux pen- « dant le mariage et provenant *tant de l'industrie* « *commune que des économies faites sur les fruits* « *et revenus des biens des deux époux* ». Ce texte ne montre-t-il pas à l'évidence que le langage de la science économique n'était point celui des auteurs du Code et qu'ils ont au contraire envisagé les produits du travail comme différents et distincts des fruits des biens ordinaires ?

Vainement prétend-t-on, en vue de donner au mari le droit aux gains de la femme, que sous le régime de communauté légale ces gains entrent en communauté en vertu de l'article 1401 § 2 qui ne mentionne cependant que « les fruits, revenus, intérêts et arrérages, de quelque nature qu'ils soient ».

L'argument n'aurait quelque valeur que si aucun autre texte ne permettait de faire tomber dans la communauté les produits du travail des conjoints. Or, nous l'avons vu, les paragraphes 1 et 2 de l'article 1401 suffisent à produire ce résultat sous le régime de la communauté légale en édictant que les acquêts meubles ou immeubles réalisés pendant le mariage tombent en communauté.

Nous croyons donc en résumé que si le mari peut prétendre, sous le régime sans communauté, à la jouissance du patrimoine de la femme, il ne peut du moins songer à faire siens les produits que la femme retire soit de talents artistiques ou littéraires, soit d'une industrie ou profession indépendante de celle qu'il exerce lui-même. La femme conserve donc sous ce régime la propriété des capitaux qu'elle retire de l'exercice de son activité, et c'est seulement aux intérêts de ces capitaux que le mari pourra prétendre, en vertu du droit d'usufruit à lui accordé par l'article 1530 du Code civil (1).

L'exclusion de la communauté apparaît donc à notre sens comme constituant, au point de vue spécial qui nous occupe, une garantie précieuse pour la femme. Mais il faut bien reconnaître que le régime sans communauté, tel que le Code l'a prévu, est peu usité en pratique ; donnant au mari l'usufruit des biens ordinaires de la femme, il lui permet, si les revenus de ces biens excèdent les dépenses du ménage, de réaliser à son profit exclu-

(1) Il est cependant bien certain, comme l'observent MM. Aubry et Rau, t. V, § 531, p. 516, et Guillouard, *Contrat de mar.*, t. III, p. 517, que la femme ne peut demander compte au mari des sommes qu'elle lui aurait abandonnées *ad onera matrimonii sustinenda* ou qu'elle aurait elle-même employées dans ce but.

sif des économies à la réalisation desquelles cependant
la femme aura pu prendre une part importante; à ce
titre il se présente sans conteste comme particulièrement contraire aux intérêts de la femme et il jouit ainsi
d'une défaveur justifiée par les conséquences injustes
auxquelles il fait aboutir.

## SECTION III

### RÉGIME DE SÉPARATION DE BIENS CONTRACTUELLE.

L'effet essentiel de ce régime est de produire une
séparation absolue entre les patrimoines des époux, non
seulement comme sous le régime sans communauté, au
point de vue de la propriété, mais encore quant à l'administration et à la jouissance des biens de la femme.
« Lorsque les époux, dit l'article 1536 du Code civil,
« ont stipulé par leur contrat de mariage qu'ils seraient
« séparés de biens, la femme conserve l'entière admi-
« nistration de ses biens meubles et immeubles et la
« jouissance de ses revenus. »
Il est donc bien certain que sous ce régime la femme
conservera à titre de propres, avec les produits de ses
biens personnels, les profits qu'elle retirera de l'exercice
d'une profession séparée et qu'elle aura sur eux non

seulement un droit d'administration au sens précis du mot, mais encore un droit de jouissance.

La première conséquence capitale des pouvoirs ainsi reconnus à la femme, c'est qu'elle pourra librement toucher son salaire ou, dans un sens plus général, le produit de son travail, quelque important qu'il soit, sans que le mari intervienne. Voici incontestablement un avantage précieux pour elle puisqu'elle y trouve un moyen de soustraire à la rapacité d'un mari égoïste ou débauché les produits de son industrie, de ses talents ou de son activité.

Mais il ne faudrait pas conclure de là que la femme peut en toute liberté dépenser tous ses revenus sans s'inquiéter des besoins de la famille. Sous la séparation de biens contractuelle, comme sous tous les régimes du reste, la satisfaction de ces besoins demeure la destination naturelle des revenus des époux. Le mari et la femme doivent donc contribuer pour une part aux charges du mariage. Cette part ils pourront librement la fixer dans leur pacte matrimonial (1); mais à défaut de clause spéciale sur ce point, la loi détermine elle-même une proportion qu'elle présume avoir été tacitement adoptée par les époux. La femme devra en ce

---

(1) La doctrine et la jurisprudence reconnaissent même aux époux la faculté de convenir que la femme ne contribuera pas aux charges du ménage, une telle clause n'ayant rien de contraire à l'ordre public. — Aubry et Rau, t. V, § 532, p. 319. — Guillouard, t. III, nº 1679. — Metz, 17 août 1858, Dal., 59, 2, 130.

cas contribuer aux charges du ménage jusqu'à concurrence du tiers de ses revenus (art. 1537 C. civ.) (1).

Il est permis de se demander si cette contribution ainsi fixée, imposée par une disposition légale, est à approuver sans réserves. Destinée à éviter des difficultés et des discussions, elle ne répond pas toujours au but visé par le législateur. Il est en effet telles hypothèses où la rigidité de la règle posée par l'article 1537 serait contraire à l'équité. Voilà par exemple un mari perdant toute sa fortune, et il se trouve que le tiers des revenus de la femme ne suffit plus aux besoins matériels de la famille ; il n'est plus admissible, semble-t-il, que la femme continue à disposer des deux tiers de ses revenus pour la satisfaction exclusive de ses besoins personnels. Et c'est ce qu'ont fort bien compris la doctrine et la jurisprudence ; il est aujourd'hui constant que la part contributoire de la femme n'est pas d'un *quantum* immuablement fixé ; si donc les circonstances font que le ménage ne peut plus vivre avec le tiers des revenus de la femme, les tribunaux, à défaut d'accord entre les époux, peuvent arbitrer *ex æquo et bono*, comme en matière de pension alimentaire, la somme que la femme devra verser dans le ménage (2).

---

(1) Nous verrons que c'est là une différence importante qui distingue le mode de contribution de la femme séparée contractuellement de celui de la femme séparée judiciairement.

(2) Marcadé, t. VI, art. 1537, n° 2. — Aubry et Rau, t. V, § 532, p. 520, note 5. — Guillouard, t. III, n° 1681. — Dans ce sens : Cass., 2 juill. 1851 (D. 51, 1.272).

Cette solution, justifiée à nos yeux par les articles 205, 207 et 212 du Code civil qui obligent les époux à se fournir mutuellement secours et assistance, montre bien que le législateur eût été mieux inspiré en appliquant simplement ici la règle que nous verrons sous la séparation de biens judiciaire, à savoir que les époux doivent contribuer aux dépenses communes, et que la femme les doit supporter seule si le mari est dénué de ressources.

Quoi qu'il en soit, la proportion d'un tiers fixée par l'article 1537 étant admise, il reste à savoir si la femme peut elle-même et directement faire emploi de la somme qui représente sa part contributoire.

A cet égard la réponse ne peut en principe souffrir difficulté. La séparation de biens contractuelle, si elle ne crée pas entre les époux une communauté de patrimoines, n'en laisse pas moins s'exercer l'autorité maritale découlant du mariage lui-même; c'est toujours l'homme qui demeure le chef du ménage et à ce titre il conserve indubitablement le droit d'exiger que la somme avec laquelle la femme doit contribuer aux charges communes soit versée entre ses mains. En effet, comme le disait la Cour de Riom (1), « permettre « à la femme de payer une partie des dépenses du « ménage, ce serait non-seulement détruire l'ensemble « de la direction, appeler des luttes continuelles entre

_____

(1) C. de Riom, 16 fév. 1853, Dal., 54, 5, 685.

« le mari et la femme, mais encore renverser l'ordre
« établi par la loi, transporter sur la tête de la femme
« l'autorité maritale, fondement de la société conjugale,
« autorité qui, nonobstant la séparation de biens,
« réside intacte dans les mains du mari. »

Il faut bien reconnaître cependant que cette solution
n'est pas sans danger pour la famille en général et pour
la femme en particulier ; le mari peut être un dissipateur, il peut détourner de sa destination véritable la
part des revenus de l'épouse que celle-ci verse entre
ses mains, et paralyser de la sorte l'utilité du régime de
séparation de biens.

La question s'est posée, à ce sujet, de savoir s'il
n'était pas possible de remédier à un pareil état de
choses et si les tribunaux, sur la demande de la femme,
ne pourraient pas autoriser exceptionnellement celle-ci
à payer directement les fournisseurs, les frais d'instruction et d'éducation des enfants, et toutes autres dépenses
du ménage.

La jurisprudence n'a pas hésité à statuer d'une manière favorable aux intérêts de la femme et on ne peut
qu'approuver cette manière de voir, car c'est préserver
la famille de la ruine à laquelle l'eussent infaillible-
ment conduite les habitudes de dissipation du mari.

En y regardant de plus près cependant, il peut y avoir
incertitude sur la valeur de cette jurisprudence ; consti-
tue-t-elle pour la femme une garantie aussi sûre qu'elle
le paraît au premier abord ?

Et d'abord repose-t-elle sur des principes indiscutables ? C'est ce dont nous nous permettons de douter. Si l'autorité maritale constitue, comme le disait la Cour de Riom, « le fondement de la société conjugale » et si elle « réside intacte dans les mains du mari nonobstant « la séparation de biens », ne faudrait-il pas un texte formel pour y porter atteinte ? Il y a un point qui est certain, de l'aveu même des auteurs qui approuvent la jurisprudence à laquelle nous faisons allusion : c'est que « la situation du mari se trouve amoindrie » (1) par un jugement permettant à la femme de ne pas lui verser sa part contributoire et de payer directement les fournisseurs.

D'un autre côté, une base juridique aussi fragile que celle du système de la jurisprudence nous paraît l'exposer à un revirement. Et cette supposition se justifie d'autant plus, que les espèces sur lesquelles les tribunaux ont été appelés à statuer se présentaient comme particulièrement favorables à la femme.

En 1835, la Cour de cassation (2) avait à se prononcer sur un cas où le mari, d'après les constatations des juges du fond, avouait être « sans habitation et sans ressources », et en 1851 la Cour de Caen avait sous les yeux un mari qui ne résidait pas habituellement avec sa femme (3). C'étaient évidemment là des circonstances

(1) Guillouard, *Contrat de mariage*, t. III, n° 1223.
(2) Cass. 6 mai 1835, Sir., 35, 1, 445.
(3) Caen, 8 avril 1851, Sir., 51, 2, 720, et Dal., 52, 2, 127.

de fait de nature à impressionner les juges, amoin-
drissant par là la valeur doctrinale de leur décision. En
ce qui nous concerne, ces mêmes circonstances forti-
fient le doute que nous conservons sur l'efficacité de la
garantie offerte ici aux femmes par la jurisprudence.

En tout cas il nous paraît indiscutable que si les
tribunaux autorisaient la femme à payer elle-même les
fournisseurs, ceux-ci pourraient directement s'adresser
à elle pour l'obliger à leur verser le montant de sa part
contributoire. L'autorisation de justice a créé alors au
profit des tiers une situation particulière : ils ont véri-
tablement suivi la foi de la femme avec qui ils ont traité
directement et ils doivent pouvoir exiger d'elle le paiement des sommes dans la mesure desquelles elle a à
pourvoir aux besoins de la famille. Mais nous ne croyons
pas que cette solution puisse être généralisée et étendue
aux cas où la femme n'a pas été expressément autorisée à traiter avec les fournisseurs ; car ces derniers ont
alors le mari pour obligé, et si la femme traite en pareil
cas avec eux, ce ne peut être que comme mandataire du
mari, lequel reste seul tenu du paiement envers les tiers.

Nous avons vu jusqu'à présent dans quelle mesure
la femme séparée de biens contractuellement doit contribuer aux charges du ménage, nous connaissons aussi
quelles garanties peuvent lui assurer l'emploi des
sommes représentant sa part contributoire. Ce qui nous
reste à voir, c'est la mesure dans laquelle elle peut
disposer du surplus de ses gains personnels.

Cette question, du plus haut intérêt, n'est d'ailleurs pas spéciale à la femme séparée de biens contractuellement ; elle se discute d'une manière générale sur l'article 1449 du Code civil, qui vise le cas de séparation de biens judiciaire, et sur l'article 1536 concernant la séparation contractuelle.

La première difficulté qui s'élève est de savoir si l'administration libre et entière, conférée à la femme par ces deux textes, comporte pour elle le droit d'aliéner son mobilier ; et par là, il faut entendre le droit d'aliéner sans autorisation, puisque l'article 1449 *in fine* dispose que la femme séparée « ne peut aliéner ses immeubles sans le consentement du mari ».

Sur un point, l'unanimité est absolue : La femme séparée de biens ne peut librement aliéner à titre gratuit les capitaux provenant d'une accumulation de ses économies. Tous les auteurs le reconnaissent (1) et la jurisprudence consacre leur opinion sans que s'élève une voix discordante (2). La femme ne pourrait se passer de l'autorisation maritale que pour faire chaque année des dons manuels et rémunératoires avec les économies provenant de ses revenus (3).

La controverse naît, au contraire, lorsqu'il s'agit

---

(1) V. notamment : Aubry et Rau, t. V, § 516, note 79 ; Colmet de Santerre, t. VI, 101[bis] IV ; Laurent, t. XXII, n° 907.

(2) Paris, 28 juin 1851, D. 52, 2, 22. — Sir. 51, 2, 337.

(3) Guillouard, t. III, n° 1190. Arrêt précité de la Cour de Paris du 28 juin 1851.

pour la femme d'aliéner son mobilier à titre onéreux. Une partie de la doctrine ne permet à la femme de semblables aliénations sans autorisation maritale que dans les limites du droit d'administration.

Suivant cette opinion, le § 2 de l'article 1449 qui permet à la femme « de disposer de son mobilier et de l'aliéner » ne serait que le développement du § 1er qui confère à la femme le droit d'administration ; l'interprétation de ce § 2 serait, dès lors, nécessairement commandée par la disposition qui le précède. C'est la thèse consacrée par la jurisprudence qui restreint le droit de disposition de la femme dans les limites du droit d'administration, et réserve aux tribunaux le soin d'apprécier d'après les circonstances si l'aliénation consentie par la femme rentre dans ces limites (1).

Cette interprétation nous paraît extrêmement critiquable. Si le législateur de 1804 avait voulu, comme on le prétend, restreindre le droit de disposition dans la mesure de l'administration, il n'aurait pas jugé nécessaire de l'accorder à la femme par une disposition expresse. N'est-il pas certain, en effet, que l'administrateur a, de plein droit, la faculté d'aliéner les meubles quand l'utilité de l'administration le réclame ? D'autre part, si la validité des actes de disposition faits par la femme dépendait, comme le veut la jurisprudence, des

(1) Cass., 30 déc. 1862, D. 63, 1, 40. — C. Nancy, 24 juin 1854, D. 55, 5, 407. — Bordeaux, 4 fév. 1884, D. Rép. Suppl. Vo *Contrat de mar.*, no 706, note 2.

motifs qui l'ont déterminée à aliéner son mobilier, les tiers qui traiteraient avec elle seraient fatalement exposés aux pires contestations et soumis à l'appréciation plus ou moins arbitraire des tribunaux.

En réalité, les termes si larges dans lesquels les articles 1449 et 1536 accordent à la femme le droit d'administration démontrent que la loi a voulu lui attribuer les pouvoirs les plus larges, et nous croyons très exact de dire avec MM. Aubry et Rau (1) que « la loi considère l'aliénation d'objets mobiliers, corporels ou incorporels comme rentrant de sa nature dans les attributs d'une libre administration ».

Mais les difficultés ne sont pas toutes levées, et la controverse renaît lorsqu'il s'agit de reconnaître à la femme le droit d'employer ses capitaux à des acquisitions.

La jurisprudence, ici encore, paraît définitivement fixée dans un sens contraire aux intérêts de la femme en ce qui touche tout au moins les acquisitions immobilières. Dans un arrêt de principe du 2 décembre 1885 (2), la Cour de cassation a reconnu formellement que l'autorisation maritale était indispensable à la femme séparée de biens pour réaliser une acquisition de cette nature. Mais le motif qu'elle en donne montre, à notre sens, l'erreur capitale de cette solution. La Cour suprême annule, en effet, l'acte d'emploi sur lequel elle a été

(1) Tome V, § 516, note 56. — Comp. : Colmet de Santerre, t. VI, 101bis III ; Laurent, t. XXII, no 301 ; C. Lyon, 18 juin 1847, S. 48, 1, 98.
(2) Sir., 1886, 1, 97.

appelée à statuer par cette raison qu'il dépassait « les
limites de la *simple* administration ». N'est-ce point là
méconnaître l'économie et le texte précis des articles 1449
et 1536 qui reconnaissent au contraire à la femme une
libre et entière administration ? N'est-ce pas oublier que
la loi reconnaît à la femme séparée le pouvoir de disposer de son actif mobilier, que ce droit implique essentiellement le pouvoir de placer des capitaux, et qu'enfin
il ne saurait y avoir de placement sans acquisition ?

C'est assez dire que nous reconnaîtrions *a fortiori* à
la femme le droit d'acquérir librement des valeurs mobilières, cela parce que la capacité de disposer du patrimoine mobilier emporte avec elle le droit d'en transformer librement la composition. Au surplus, la
jurisprudence reconnaît avec la doctrine que l'autorisation du mari n'est pas nécessaire à la femme séparée de
biens lorsqu'elle veut convertir ses titres nominatifs en
titres au porteur (1). Comment alors refuser à la femme
le droit de placer librement ses économies personnelles
en acquisitions mobilières, droit incontestablement
moins dangereux que celui de convertir des titres nominatifs en titres au porteur ? La majorité des auteurs se
montre de cet avis, mais la question reste assez douteuse
en jurisprudence (2).

(1) Cass., 8 février 1870, D. 70, 1, 336 ; 13 juin 1876, D. 78, 1, 181.
— Comp. : Guillouard, t. III, n° 1197 ; Laurent, t. XXII, n° 304.
(2) C. Douai, 15 mai 1882. — D. Répert. suppl. V° *Contrat de mar.*,
n° 708, note 1.

Nous ne saurions en finir avec le régime de séparation de biens sans rappeler que la femme, se lassant
quelquefois des pouvoirs qui lui sont ici conférés, laisse
le mari prendre en mains l'administration de sa fortune. En pareil cas, il importe d'observer que ce mari
est seulement un mandataire de la femme ; il est donc
tenu de rendre compte des capitaux et des fruits qu'il
a encaissés ; en outre ses créanciers personnels ne pourraient saisir entre ses mains les revenus de la femme.

Mais le plus souvent cette dernière, en abandonnant
au mari l'administration de sa fortune, lui en laisse en
même temps la jouissance. C'est alors que l'article 1539
du Code civil reçoit application : le mari n'est tenu, soit
sur la demande de la femme, soit à la dissolution, qu'à
la représentation des fruits existants ; il n'est pas comp-
table de ceux consommés jusqu'alors. La majorité des
auteurs et la jurisprudence (1) s'accordent d'ailleurs à
reconnaître qu'il faut entendre par fruits existants ceux
qui existent encore en nature au moment où la demande
se produit ; par suite les économies réalisées par le mari
pendant le mariage et placées par lui en valeurs mobilières lui appartiennent définitivement. C'est là une solution malaisée à contester puisque le mari en pareille
occurence aurait pu dépenser l'excédent des revenus de
la femme (excédent qu'il a au contraire économisé) ; il

---

(1) Guillouard, t. III, n° 1685, p. 543. — Laurent. t. XXIII, n° 453.—
Rodière et Pont, t. II, nos 1981-1982. — Cass. 17 janv. 1860, D. 60, 1,
66. — Comp. : C. Pau, 12 avril 1859 ; Sir., 59, 2, 196, et Dal., 60, 1, 66.

échappait ainsi à la nécessité d'en rendre compte. Disons plus, la femme ne pourrait utilement se plaindre d'une situation ainsi réglée et cela parce qu'il lui est toujours loisible de modifier cet état de choses. Elle n'a pour cela qu'à révoquer le mandat confié au mari et elle reprend dès lors l'administration et la jouissance de sa fortune.

Et ceci nous amène à la conclusion naturelle que suggère cette rapide étude du régime de séparation de biens à savoir que ce régime est celui qui accorde à la femme les droits les plus larges, la liberté la plus étendue que notre législation lui accorde au point de vue pécuniaire.

La femme séparée de biens se trouve, quant aux produits de son industrie personnelle, dans une situation voisine, à certains points de vue, de celle qu'elle aurait si elle n'était pas mariée.

C'est ainsi qu'elle a ce double droit, capital pour elle, de toucher librement le produit de son travail et d'en conserver le bénéfice exclusif ; cela sans parler de la participation qui lui est imposée relativement aux frais du ménage.

Mais par contre, nous l'avons vu, le régime de la séparation tel qu'il est compris, surtout par la jurisprudence, ne soustrait pas la femme à la nécessité de se faire autoriser pour certains actes relatifs à son patrimoine ; de ce chef, il faut le reconnaître, la conception pratique de ce régime ne se présente pas comme aussi libérale qu'on pourrait le désirer. La femme labo-

rieuse et économe reste exposée à certains abus de
pouvoir dont la famille sera la première à souffrir.
Enfin la faculté que les tribunaux lui reconnaissent de
payer elle-même et directement les fournisseurs, si elle
se justifie au point de vue d'une équitable utilité, demeure malheureusement trop contestable encore dans
son principe ; on ne peut y voir une garantie suffisante
au profit de la femme.


## SECTION IV

### RÉGIME DOTAL.


Ce régime, comme le régime sans communauté et
comme celui de séparation de biens, s'analyse en l'exclusion de toute idée de société de biens entre les
époux. Il se caractérise en outre non pas, comme son
nom semblerait l'indiquer, par le fait que la femme
apporte une dot au mari pour supporter les charges du
mariage — car il en peut être ainsi sous les autres
régimes matrimoniaux — mais par les droits spéciaux
attribués au mari sur les biens dotaux et par les garanties particulières assurant la conservation de la dot pendant mariage et sa restitution lors de la dissolution du
régime.

On sait en effet que les biens de la femme sous ce
régime se divisent en biens dotaux (ou compris dans la
dot) et biens paraphernaux (ou biens en dehors de la
dot) : les premiers destinés à permettre au mari de
subvenir aux charges du ménage et protégés par la
règle exorbitante de l'inaliénabilité ; les seconds qui ne
sont pas en principe affectés dans le même sens, dont
les revenus ne doivent être employés aux dépenses de
la famille que s'il n'existe pas de biens dotaux, et qui
ne jouissent pas de la même protection (1).

Les uns et les autres restent d'ailleurs la propriété
de la femme. Mais tandis que celle-ci conserve l'administration et la jouissance de ses biens paraphernaux
(art. 1756 C. civ.), c'est au contraire le « mari seul qui
« a l'administration des biens dotaux pendant le mariage,
« qui a seul le droit d'en poursuivre les débiteurs et les
« détenteurs, d'en percevoir les fruits et les intérêts,
« et de recevoir le remboursement des capitaux
« dotaux » (art. 1549).

Ces notions très sommaires sur le régime dotal suffisent à faire pressentir que les droits de la femme dotale
sur les produits de son travail séparé pourront varier
suivant le caractère qu'on reconnaîtra à ces produits,

---

(1) S'il n'existe pas de biens dotaux dont les revenus puissent être
employés à subvenir aux dépenses de la famille, l'article 1575 oblige
la femme à contribuer à ces dépenses jusqu'à concurrence du tiers
de ses revenus paraphernaux. Cela à défaut de clause spéciale réglant
autrement la part contributive de chacun des époux.

c'est-à-dire suivant qu'ils seront considérés comme dotaux ou paraphernaux.

Nous disons : les droits de la femme sur les produits
de son travail *séparé* car il est hors de doute que si la
femme se borne à collaborer aux travaux du mari, si
elle l'assiste, par exemple, dans l'exercice de son commerce ou de son industrie, elle n'aura droit à aucune
partie des bénéfices ainsi réalisés : l'assistance, l'aide
de la femme en pareil cas peut être considérée comme
rentrant dans la catégorie des services que le mari peut
attendre d'elle et n'empêche pas les bénéfices réalisés
de constituer les produits de l'industrie propre du
mari.

Mais en dehors de ce cas, d'ailleurs assez fréquent,
et lorsque la femme retirera des bénéfices de l'exercice
distinct de son activité, par exemple de ses propres
talents artistiques, littéraires ou d'une industrie séparée, quelle sera l'étendue de ses droits sur ses gains
personnels ?

Comme nous l'avons dit, la réponse devra incontestablement différer suivant que ces bénéfices seront ou
ne seront pas affectés de dotalité, puisque ce caractère
aura sa répercussion, immédiate et fatale, sur leur administration et leur jouissance. Mais il est certain aussi
que les droits de la femme sur ses gains personnels ne
varieront pas moins, à un autre point de vue, suivant
qu'on considèrera ces gains comme des capitaux ou au
contraire comme les simples fruits de l'activité, des ta-

lents artistiques, de l'industrie de la femme considérés
comme un véritable capital. Dans le premier cas en effet,
la dotalité des bénéfices réalisés par la femme ne lui enlè-
vera point la propriété ; dans le second cas au contraire
cette même propriété sera acquise au mari, tout comme
celle des autres revenus dotaux.

Or, au double point de vue que nous venons d'indiquer, il est incontestable que c'est de la volonté des
époux manifestée dans leur contrat de mariage que le
juge doit avant tout s'inspirer pour définir la nature juridique des gains personnels de la femme. Il importe
de ne pas oublier que le régime dotal est essentiellement un régime conventionnel et que les conventions
matrimoniales restent toujours dominées par le plus
large principe de liberté.

Il est donc possible que la femme, en se mariant
sous le régime dotal, déclare expressément se constituer en dot son industrie, son commerce ou son art. On
conçoit d'abord telles hypothèses où son activité, son
intelligence, son talent se seront matérialisés, dès avant
le mariage, en de véritables biens, œuvres artistiques,
maison de commerce, qu'elle pourra alors apporter au
mari comme de véritables capitaux. Mais on concevrait
encore que la femme envisageant, par exemple, son talent, son activité personnelle comme un capital immatériel
déclare l'apporter comme tel en dot à son mari : pareille
stipulation n'aurait rien d'illicite puisque, en matière
de société, l'article 1833 du Code civil reconnaît à cha-

que associé la faculté d'apporter ou de l'argent ou d'autres biens « ou son industrie ». Dans tous les cas de ce genre, c'est-à-dire toutes les fois qu'il résultera des termes non équivoques du contrat, la volonté chez la femme de se constituer à titre de capitaux dotaux son commerce, son industrie ou son art, les profits qu'elle en retirera seront sans conteste de véritables revenus dotaux soumis à l'administration et à la jouissance du mari.

Mais il faut bien reconnaître que ce ne sera point là le cas le plus habituel ; le plus fréquemment la constitution dotale sera conçue en termes vagues et généraux, et comprendra ou les biens présents, ou les biens à venir, ou à la fois les biens présents ou à venir.

C'est alors que se pose avec l'intérêt précédemment signalé la double question de savoir si les gains personnels de la femme sont ou non affectés de dotalité, et s'ils doivent être considérés en principe comme de simples revenus ou comme de véritables capitaux.

A ce dernier point de vue nous avons déjà pris parti sous le régime excluant la communauté, en étudiant la question de savoir si le mari usufruitier des biens de la femme avait droit aux produits du travail de celle-ci. Nous nous sommes en effet refusés à voir dans les gains de la femme les simples fruits d'un capital qui ne serait autre que son travail personnel, son activité, son talent, sa capacité productive. Et il n'y aurait évidemment aucune raison pour ne point maintenir dans son intégrité ce principe de solution à l'égard de la femme dotale. Sous le régime dotal comme sous les autres régimes, il reste vrai de dire que l'industrie et le talent de la femme constituent sa personnalité elle-même, qu'on ne peut les concevoir en dehors de sa personne et que les produits du travail impliquent une déperdition inévitable de l'énergie à laquelle ils sont dûs.

Au surplus l'article 1833 lui-même, qui nous permettait tout à l'heure de conclure à la possibilité pour la femme d'apporter en dot son industrie, montre du moins qu'en principe le travail et l'activité ne sont pas considérés par le législateur comme de véritables biens, comme de véritables capitaux. Nous croyons donc en résumé que, toutes les fois que le contrat de mariage ne s'en expliquera pas dans un sens contraire, les bénéfices réalisés par la femme au moyen de son travail devront être considérés non comme de simples revenus, ou fruits, mais bien comme de véritables capitaux.

Dans ces conditions, la propriété en va rester toujours acquise à la femme, alors même que ces bénéfices pourront être compris dans la constitution dotale. Il faut bien reconnaître cependant qu'ici encore cette solution, si conforme à l'équité et aux principes du droit, n'est point admise par tous les auteurs et n'a pas toujours été sanctionnée par la jurisprudence (1).

_____

(1) Voy. notamment : Marcadé, aux art. 1540 et 1541, n° 2 ; Jouitou, *Régime dotal*, n° 39. — Comp. : Aix, 10 juill. 1869, Dal., 72, 2, 49 ; Sir., 72, 2, 175 ; Troplong, *Contrat de mar.*, t. IV, n<sup>cs</sup> 3016 et suiv,

Reste maintenant à déterminer dans quels cas les gains de la femme, envisagés eux-mêmes comme capitaux, seront frappés de dotalité.

Il est à cet égard une première hypothèse dans laquelle la solution ne saurait, à nos yeux, souffrir de difficultés. Nous voulons parler du cas où la femme ne s'est constitué en dot que ses biens présents. Avec la théorie que nous avons adoptée, les gains personnels de la femme, considérés non comme des revenus mais comme des capitaux, ne peuvent en effet jamais constituer des biens présents, puisqu'ils n'existent pas au jour du mariage. Ils échappent nécessairement à une constitution dotale n'embrassant que les biens présents de la femme, et en qualité de paraphernaux ils appartiennent à cette dernière, non seulement en propriété mais encore en jouissance. La doctrine la plus autorisée adopte en effet cette solution consacrée par la jurisprudence de plusieurs Cours d'appel (1).

La controverse est au contraire assez vive lorsque la constitution dotale embrasse non-seulement les biens présents, mais encore les biens à venir. En pareil cas les gains de la femme, d'après M. Demolombe, ne devraient en rien profiter au mari, ni comme nous l'avons admis, à titre de fruits, ni à titre de capital dotal dont il aurait la jouissance. D'une part en effet, d'après le

_____

(1) Voy. notamment : Guillouard, t. IV, nº 1727 ; MM. Aubry et Rau, t. V, p. 532, note 7. — Comp. : Montpellier, 27 mai 1879 ; Dal., 80, 2, 117 ; Agen, 9 fév., 1856 ; Dal., 56, 2, 73.

savant jurisconsulte, l'industrie de la femme n'ayant pas
été constituée en dot, ses produits devraient par cela
même demeurer aussi en dehors de la dot ; d'autre part
les capitaux provenant de l'industrie personnelle de la
femme seraient le résultat d'une qualité essentiellement
paraphernale ; enfin la constitution en dot étant une
espèce d'aliénation, il ne serait pas plus possible à la
femme, dans le mariage, qu'à tout autre dans quelque
convention que ce soit, d'aliéner pour toujours son industrie, c'est-à-dire de mettre pour toute la durée du
mariage ses facultés au service du mari.

Quelque favorable que ce système soit à la femme
puisqu'il lui assure la propriété, l'administration et la
jouissance de ses gains personnels, nous croyons avec
la majorité des auteurs qu'il n'y a pas lieu de s'y
rallier.

Ce système méconnaît d'abord le caractère de la constitution dotale de biens présents et à venir. De ce que
l'industrie de la femme n'a pas été expressément constituée, il ne s'ensuit pas que ses produits doivent demeurer en dehors de la dot. Ces produits présentent indubitablement le caractère de véritables biens ; réalisés au
cours du mariage, ils doivent donc comme biens à venir,
être affectés du caractère de dotalité que les époux ont
voulu imprimer aux biens de cette nature.

Vainement M. Demolombe objecte-t-il que ces produits sont le résultat d'une qualité essentiellement paraphernale. MM. Aubry et Rau répondent avec raison

qu'il est peu juridique d'étendre à de simples qualités
ou aptitudes une distinction qui ne s'applique qu'à des
biens proprement dits. Mais au surplus, si M. Demolombe
veut dire par là que l'industrie de la femme se rattache
d'une manière intime à sa personnalité, ce caractère
que nous avons été les premiers à lui reconnaître ne
nous semble pas entraîner nécessairement la conséquence qu'en tire cet esprit distingué : tout ce qui en
résulte, en effet, c'est que cette industrie ne peut, en
principe, être considérée comme un bien dotal, ainsi
que nous l'avons admis nous-même.

Enfin l'objection, tirée de ce que la femme ne pourrait
aliéner à toujours son industrie, demeure en vérité
sans portée sérieuse si l'on réfléchit que les produits
éventuels de cette industrie pouvant toujours être l'objet
d'un contrat, doivent pouvoir toujours être compris
dans une constitution dotale.

En résumé, lorsque le contrat de mariage portera
constitution des biens à venir, le mari aura toujours,
croyons-nous, sur les produits du talent ou de la profession séparée de la femme, les droits d'administration
et de jouissance qui lui appartiennent sur les capitaux
dotaux (1).

L'étude approfondie de ces droits reconnus au mari
sur les biens dotaux, comme celle des droits reconnus

(1) Sic Aubry et Rau, t. V, § 324, p. 532, note 7. — Rodière et
Pont, t. III, n° 1975. — Guillouard, t. IV, n° 1726. — Comp. Toulouse,
17 déc. 1831, Sir. 32, 2, 585.

à la femme sur ses biens paraphernaux, nous conduirait
nécessairement à l'examen détaillé de la plupart des
difficultés que le régime dotal soulève dans son application, et nous obligerait, dès lors, à sortir du cadre restreint de cette étude.

Il nous suffira de rappeler, à cet égard, que la jouissance du mari sur les biens dotaux est en général régie
par les règles relatives à l'usufruit ordinaire, que d'a-
près la jurisprudence constante de la Cour de cassation et des Cours d'appel, la dot mobilière, inaliénable
au regard de la femme, reste susceptible d'aliénation
entre les mains du seul mari et, ce qui est particulièrement important au point de vue spécial qui nous préoccupe, que l'article 1549 du Code civil donne expressément au mari le droit de recevoir le remboursement des
capitaux dotaux. Les gains personnels de la femme
consistant généralement en capitaux mobiliers ou en
créances mobilières, le mari aura donc, en vertu de
son droit d'usufruit, la possibilité de les toucher seul
pour en jouir lorsque ces gains seront dotaux.

On sent à merveille tous les dangers qu'un pareil
droit peu présenter et quelles facilités sont ainsi laissées
au mari de dissiper les produits du labeur de la femme.
Le remède pratique à cette situation consisterait dans
l'obligation imposée au mari d'employer ces produits et
sanctionnée par la responsabilité des tiers débiteurs de
la femme. Mais il est certain qu'en présence des termes
précis et formels de l'article 1549 du Code civil, cette

obligation ainsi entendue ne saurait découler que d'une stipulation expresse portée au contrat de mariage (1).

Il est vrai, par contre, que la femme conserve toujours, en présence d'un mari dissipateur, la ressource extrême de la séparation judiciaire. Mais nous verrons plus loin en quoi pareille garantie peut encore être considérée comme insuffisante.

Il est ainsi trop certain que sous le régime dotal la femme ne conserve sur ses gains personnels que des droits bien précaires au cas où il sont frappés de dotalité. Dût-on voir alors dans ces gains, comme nous l'avons fait, non pas de simples revenus, mais de véritables capitaux dotaux, il n'en demeure pas moins vrai que l'administration et la jouissance restent toujours au mari et que le droit de propriété, qui en demeure théoriquement à la femme, peut devenir lui-même nominal et illusoire à raison de l'insuffisance des garanties que le régime dotal pur lui offre pour obtenir à la dissolution du mariage la restitution de ses capitaux dotaux.

C'est donc seulement dans le cas où les produits de son travail personnel échappent à la constitution dotale, que la femme retrouve sur eux des droits relativement importants. En pareille hypothèse, en effet, elle en aura l'administration et la jouissance et, ces produits affec-

(1) Benech., *Emploi et remploi*, nº 6. — Ch. Robert, *Emploi et remploi sous le régime dotal, spécialement considérés au point de vue de la responsabilité des tiers*, nº 20, page 17. — Cass., 23 déc. 1839, Dal., 40, 1, 1.

tant le plus souvent la forme de sommes à encaisser, elle aura par là même le droit essentiel de les toucher seule et d'en donner quittance sans l'intervention du mari. Malheureusement ses droits à d'autres égards ne seront point sans laisser place au doute et aux difficultés.

Nous avons vu précédemment les controverses qui subsistent sur les pouvoirs de la femme séparée de biens. Or, la capacité de la femme dotale relativement à ses paraphernaux est très généralement considérée comme calquée sur celle de la femme séparée de biens. Sans revenir sur les solutions que nous avons précédemment données à l'égard de cette dernière et auxquelles nous ne pouvons que nous référer, nous devons encore conclure que la femme dotale n'aura, sur les biens paraphernaux provenant de son travail et de son industrie, que des droits soumis aux limitations et aux controverses regrettables que nous avons rencontrées en examinant la situation de la femme séparée de biens.

## CHAPITRE II

### LA FEMME MARIÉE MARCHANDE PUBLIQUE

—

Il arrive fréquemment que la femme mariée, au lieu de louer ses services ou de demander la rémunération de son travail à l'exercice d'une profession libérale, artistique ou littéraire, se consacre au commerce. Il ne s'agit pas ici du cas très fréquent où la femme travaille avec son mari dans l'établissement commercial exploité par celui-ci; elle ne joue alors que le rôle d'un préposé ordinaire, et les règles des régimes matrimoniaux que nous avons précédemment expliquées s'appliquent intégralement sans modification.

Le cas que nous avons en vue est celui où la femme exerce elle-même un commerce séparé. La loi devait, sous peine de violer une liberté d'ordre naturel, donner à la femme mariée le droit de devenir commerçante; et d'autre part ce droit reconnu à la femme, il était indispensable de lui donner les moyens de l'exercer en fait. Or l'exercice du commerce, étant donnés le nombre et la rapidité des opérations qu'il comporte, ne s'accommoderait pas de l'application entière et rigoureuse du droit matrimonial ordinaire. Il a donc fallu faire à la femme commerçante une situation favorable quant à sa capacité et aux conséquences pécuniaires de ses opérations commerciales.

Nous n'avons pas à insister ici sur la question de savoir comment la femme mariée peut devenir commerçante. Nous rappellerons seulement qu'aux termes de l'article 4 du Code de commerce elle ne peut l'être qu'avec l'autorisation de son mari, autorisation qui, par dérogation à l'article 223 du Code civil, est une autorisation générale qui peut même être tacite, mais ne peut être suppléée par celle de justice. Le mari peut du reste en tout temps la révoquer (1).

Nous n'insisterons pas non plus sur la capacité particulière que la loi accorde à la femme mariée marchande publique. Cette capacité est réglée par les articles 220 du Code civil, 5 et 7 du Code de commerce aux termes desquels la femme commerçante peut, pour tout ce qui concerne son négoce, s'obliger, engager, hypothéquer, aliéner ses immeubles (2). En d'autres ter-

---

(1) Tous ces points ont été controversés, mais les solutions données au texte sont généralement admises en doctrine et en jurisprudence. — Vide : Lyon-Caen et Renault, *Traité de dr. com.*, t. Ier, nos 245 à 252. — Sur le point spécial et très intéressant de savoir avec quels biens sous les divers régimes matrimoniaux la femme peut faire le commerce, voir Boistel, *Cours de droit commercial*, no 100 ter.

(2) Quand la femme est mariée sous le régime dotal, ses biens dotaux ne peuvent être aliénés ou hypothéqués que dans les cas déterminés et avec les formes réglées par le C. civ. (art. 7).

mes, pour tous les actes qui concernent l'exercice de
son commerce, elle a la même capacité qu'une femme
non mariée. La seule restriction, assez inexplicable d'ailleurs, apportée par la loi à cette capacité est celle qui
concerne la faculté d'ester en justice ; la femme mariée
commerçante ne peut en effet plaider sans l'autorisation spéciale de son mari (art. 215 C. civ.).

Nous supposerons donc une femme mariée régulièrement habilitée à faire le commerce et nous nous demanderons quels vont être les droits respectifs de son
mari et d'elle-même sur les bénéfices provenant de son
négoce. Ici encore, comme nous l'avons fait plus haut,
nous devons distinguer entre les différents régimes matrimoniaux.

Sous la communauté légale et sous les divers régimes de communauté conventionnelle dans lesquelles les
acquêts réalisés au cours du mariage font partie de
l'actif commun, la modification apportée aux règles du
droit civil par la qualité nouvelle de la femme est identique et très importante à noter.

Cette modification ne résulte pas directement des dispositions de la loi à cet égard. Théoriquement, les
droits respectifs des époux sur les bénéfices réalisés
par la femme dans son commerce restent réglés par le
droit commun.

Sans avoir à distinguer suivant que le fonds de commerce était exploité par la femme avant le mariage ou
s'il a été établi postérieurement, sans avoir à nous de-

-mander si ce fonds est resté propre (1) ou est tombé
dans l'actif commun, nous remarquons que dans tous
les cas les profits réalisés par la femme dans son ex-
-ploitation commerciale sont des acquêts et tomberont
en communauté. Par conséquent le mari aura sur les
sommes ainsi gagnées par la femme les droits exorbitants que nous lui connaissons : il pourra s'en emparer
et en disposer selon son bon plaisir sans que la femme
puisse s'y opposer. Jusqu'ici donc rien ne paraît changé
dans les conséquences du régime matrimonial adopté.

Mais la modification provient indirectement de la capacité que la loi reconnaît à la femme commerçante
quant aux actes de son négoce. Pour ces actes la
femme est pleinement capable ; elle peut s'engager,
aliéner librement. Il lui est permis de disposer à son
gré des bénéfices de son commerce, pourvu qu'elle le
le fasse dans l'intérêt de celui-ci. La loi lui donne donc
sur ces bénéfices qui, ne l'oublions pas, continuent à
faire partie de l'actif commun, des droits d'administration et de disposition que ne lui confère pas habituellement le législateur.

Là est l'avantage important que confère à la femme
mariée la qualité de commerçante ; là est souvent pour
elle le moyen de mettre pratiquement une partie de ses
gains à l'abri de l'omnipotence maritale. Il lui suffit

_____

(1) Il en serait ainsi pour la femme dans le cas où, exploitant un
commerce avant son mariage, elle se serait mariée sous la communauté d'acquêts (art. 1498 C. civ.).

pour cela de les employer aussitôt réalisés, à dévelop-
per son exploitation commerciale. Tout ce qu'elle aura
pu ainsi soustraire à la mainmise immédiate du mari
sera à l'abri de sa dissipation. Sans doute, elle ne pourra éviter que ces bénéfices fassent partie de l'actif commun et soient partagés à la dissolution du régime; mais
du moins elle les aura conservés pour la famille et elle
sera sûre, à la liquidation, d'en garder définitivement
la moitié à titre de propriétaire.

Sous le régime de la séparation de biens, la situation
respective des époux quant aux bénéfices commerciaux
de la femme est très simple. Le fonds de commerce
créé par celle-ci soit avant, soit pendant le mariage, lui
appartient en propre. Il en est de même des bénéfices
qu'elle réalise dans son exploitation commerciale, et
dont elle peut par conséquent disposer librement, une
fois qu'elle a contribué aux charges du ménage, dans
la proportion fixée par son contrat de mariage ou, à
défaut de stipulation à cet égard, jusqu'à concurrence
d'un tiers de ses gains. Mais ce droit de disposer de ses
bénéfices personnels appartient déjà à la femme séparée
de biens en vertu de son contrat de mariage. Par suite,
sa qualité de femme commerçante ne modifie guère à
ce point de vue sa situation juridique.

Le seul avantage que lui apporte cette qualité provient de l'accroissement de capacité qui en résulte pour
elle et qui fait que pour les besoins de son commerce
elle est assimilée à une femme non mariée. Mais ceci ne

touche pas à son droit sur les produits de son travail, droit qui n'est pas accru par le fait qu'elle exerce un commerce séparé.

Sous le régime sans communauté, la question de savoir si le mari est propriétaire des bénéfices commerciaux de la femme est discutée, comme elle l'est pour les autres produits de son activité personnelle. Pour ceux-ci, nous avons admis que l'usufruit du mari ne l'en rendait pas propriétaire et qu'il lui donnait seulement le droit aux revenus produits par eux. Les motifs que nous avons donnés plus haut subsistent pour les bénéfices commerciaux que nous devons donc déclarer appartenir à la femme et être soumis seulement au droit de jouissance du mari. Il y a ici d'ailleurs, en dehors des autres, une raison d'équité : sous le régime sans communauté, le mari n'est pas tenu des dettes contractées par la femme dans l'exercice de son commerce. Telle est du moins l'opinion générale sur la portée de l'article 5 du Code de commerce.

Comment donc concevoir en équité que sous ce régime le mari, non tenu des dettes de la femme, profite cependant des bénéfices réalisés par elle ? Il est inadmissible que celle-ci conserve tous les risques de perte et n'ait aucune chance de gain.

Nous concluons donc que sous le régime sans communauté, la femme mariée commerçante a sur les bénéfices de son commerce les mêmes droits que la femme non commerçante sur les produits de son travail.

Mais il y a lieu de faire ici une remarque analogue à celle que nous avons faite sous le régime de communauté légale : le droit de jouissance du mari sur les bénéfices commerciaux de sa femme n'existe que si ces bénéfices sont transformés en capitaux. La femme, en les employant dans son négoce, en les faisant servir, par exemple, à l'extension de son commerce, peut les soustraire à l'usufruit du mari et ainsi s'en assurer l'émolument, pour la fin du régime matrimonial, non plus par moitié comme dans le régime de communauté légale, mais pour le tout, ce qui constitue pour elle un avantage très appréciable.

Enfin, sous le régime dotal, il faut distinguer suivant que la femme fait le commerce au moyen de ses paraphernaux ou au moyen de ses biens dotaux. Dans le premier cas, sa situation est en tous points semblable à celle de la femme séparée de biens contractuellement. Lorsque, au contraire, elle fait le commerce au moyen de ses biens dotaux, par exemple si le contrat de mariage fait de tous les biens présents et à venir de la femme des biens dotaux, la question se pose dans les mêmes termes que celle que nous venons d'examiner sous le régime sans communauté, et comporte la même solution : le mari dotal n'est pas propriétaire des gains commerciaux de sa femme ; il n'a sur eux qu'un droit de jouissance.

En résumé, la qualité de commerçante que peut prendre la femme mariée, si elle ne modifie pas en théorie son droit sur les produits de son travail, lui confère cependant, sur ces gains, des avantages d'une réelle importance en lui permettant souvent de mettre cet argent à l'abri de la dissipation du mari.

# CHAPITRE III

## DES MOYENS PERMETTANT A LA FEMME D'ACCROITRE
## SES DROITS SUR LES PRODUITS DE SON TRAVAIL

—

L'étude critique, à laquelle nous venons de nous livrer, des quatre principaux régimes matrimoniaux nous a montré combien précaires sont en général les droits accordés à la femme par notre loi civile ; nous avons vu combien sous le régime de communauté légale, le plus important de tous, l'épouse, malgré les atténuations résultant de la pratique, est mal défendue contre l'omnipotence du mari.

Il nous reste à examiner, dans ce chapitre, comment et dans quelle mesure la loi a permis à la femme d'exercer des droits plus complets sur les produits de son travail.

Nous aurons à examiner d'abord dans quelles limites la femme peut, en se mariant, se réserver par la convention le droit de disposer de ses gains personnels et soustraire ceux-ci à l'autorité du mari ; nous devrons, à ce propos, exposer le principe de la liberté des conven-

tions matrimoniales. Nous étudierons ensuite comment,
au cours du mariage, la femme peut, si le mari se ré-
vèle chef incapable ou indigne, se faire attribuer sur
ses gains personnels, des avantages qu'elle ne s'était pas
réservés par contrat, et ce, au moyen de la séparation
de biens judiciaire. Enfin, notre examen portera sur
certaines lois particulières, d'une haute portée sociale,
qui sans changer dans la forme le régime légal ont cependant, grâce à l'application qu'en a faite la jurisprudence, permis à la femme de mettre à l'abri des abus
d'autorité du mari une partie considérable de ses gains
personnels : nous voulons parler des lois des 18 juin
1850 et 20 juillet 1886 sur la Caisse nationale des retraites pour la vieillesse, et des 9 avril 1881 et 20 juillet 1895 sur les caisses d'épargne.

## SECTION PREMIÈRE

### LA CONVENTION : LIBERTÉ DES CONVENTIONS MATRIMONIALES.

En établissant un régime légal pour gouverner l'association conjugale quant aux biens, en prévoyant un certain nombre de régimes types offerts au choix des parties, les rédacteurs du Code civil ont entendu avant
tout laisser à celles-ci la plus grande liberté dans l'éta-

blissement de leur contrat de mariage. De là l'article 1387 qui pose le principe dit de liberté des conventions matrimoniales ; les parties peuvent rédiger, imaginer, combiner à leur gré les règles de leur association d'intérêts sauf, toutefois, certaines restrictions énumérées par la loi.

La question qui se pose alors est celle de savoir dans quelle mesure cette liberté, ainsi limitée, permet à la femme de se réserver les produits de son industrie personnelle.

Va-t-elle pouvoir écarter complétement son mari de leur propriété et de leur administration ?

Le Code civil n'a pas expressément tranché la difficulté. Le seul texte qui s'y rapporte directement est l'article 1388 aux termes duquel les époux ne peuvent déroger, ni aux droits résultant de la puissance maritale sur la personne de la femme, ni à ceux qui appartiennent au mari comme chef.

Ce texte, très laconique, placé dans le chapitre 1er relatif aux dispositions générales, énonce ainsi une règle commune à tous les régimes nuptiaux. Et sa portée se trouve, en raison même de cette circonstance, d'autant plus difficile à déterminer exactement.

Sous l'expression « droits résultant de la puissance maritale », on est d'accord pour reconnaître qu'il s'agit du droit qu'a le mari d'autoriser sa femme à procéder aux actes de la vie civile, et on admet sans difficulté la nullité de la clause qui dispenserait, d'une manière

générale et absolue, la femme de l'autorisation maritale (1).

Au point de vue spécial qui nous occupe, une telle
prohibition est loin d'être sans importance.

Nous avons vu que la femme ne peut, en principe,
louer ses services sans l'autorisation de son mari et
que celui-ci est fondé à interdire à sa femme tout enga-
gement de cette nature. Il y a là un droit qui touche à
la puissance maritale et auquel le mari ne pourrait renoncer par contrat de mariage.

De même la femme ne pourrait, en se mariant, se
réserver le droit de poursuivre elle-même et sans l'autorisation du mari le paiement de ses salaires. Nous
rencontrons ainsi, dès les premiers pas, une règle restrictive dont le but est de maintenir la femme, à l'égard
de son mari, dans un certain état de tutelle où la loi a
entendu la placer.

Quant à la seconde règle de l'article 1388 qui défend
de déroger aux droits appartenant au mari comme chef,
il faut, pour saisir sa portée, se rappeler son origine.

On sait que les rédacteurs du Code civil l'ont empruntée à Pothier (2) qui l'appliquait aux pouvoirs du
mari considéré comme chef de la communauté et en
faisait une conséquence de la maxime : Le mari est seigneur et maître de la communauté.

---

(1) Aubry et Rau, *Droit civil*, V, § 504, p. 266.
(2) Pothier, *Traité de la Communauté*, Introduction, n° 4,

C'est ainsi qu'il faut, aujourd'hui encore, malgré la divergence des auteurs à cet égard, interpréter cette règle. Elle signifie que si les droits de jouissance et d'administration reconnus au mari, sur les biens personnels de la femme sous les divers régimes sont, en général, susceptibles d'être restreints ou modifiés, il n'en est pas de même de ses droits et attributions quant aux biens communs.

Ainsi donc si le contrat de mariage crée une communauté de biens entre les époux, le mari ne pourra renoncer à ses droits d'administration ou de disposition sur ces biens communs.

Au contraire, si le régime matrimonial adopté ne crée pas de communauté de biens entre les époux, la femme peut se réserver tous les droits d'administration et de disposition sur ses biens personnels, à charge de respecter les droits résultant de la puissance maritale.

Par application de cette idée les époux pourraient, en adoptant le régime dotal, stipuler que l'administration et la jouissance des biens dotaux appartiendront à la femme. Cette clause, qui n'apparaît pas comme contraire à l'ordre public ni aux bonnes mœurs, qui n'est interdite par aucune disposition de la loi, est admise par la jurisprudence (1).

On a alors en quelque sorte un régime dotal sans

---

(1) Cass., 17 fév. 1886, D. 86, 1, 249. — Contra : Troplong, *Contrat de mariage*, t. I, n° 69 ; Aubry et Rau, t. V, § 535, p. 549.

bien dotaux, équivalant à une séparation de biens. Il suit de là, au point de vue spécial qui nous intéresse, que si les gains personnels de la femme se trouvaient compris dans la constitution de dot, elle aurait sur eux le droit d'administration et de jouissance.

C'est ainsi encore, qu'en adoptant le régime de la séparation de biens sous lequel elle a déjà l'administration et la jouissance de sa fortune, la femme pourrait se réserver pour elle seule ses revenus, notamment les produits de son travail, et se décharger de toute contribution aux dépenses du ménage. Nous nous empressons d'ajouter que cette clause rigoureuse ne vaudrait que tout autant que les ressources du mari suffiraient à faire face aux charges du mariage ; car dans le cas contraire, l'intérêt supérieur de la famille, auquel la sollicitude du législateur ne saurait faire défaut, exigerait que la femme contribuât à l'entretien du ménage au moyen de ses deniers personnels (1).

Mais c'est surtout sous les régimes de communauté, les plus usités de tous, qu'il importe de rechercher dans quelles limites la convention permet à la femme de réserver ses droits sur les produits de son industrie personnelle. Ici encore le principe de liberté posé par l'article 1387 donne à la femme de grandes facilités. Sans doute d'après ce que nous avons dit, elle ne peut se réserver aucun droit d'administration et de jouissance

---

(1) Metz, 7 août 1858, Dal., 59, 1, 130. — Guillouard, t. III, n° 1680.

sur les biens qui, par application des conventions matrimoniales, tombent dans l'actif commun ; mais la loi
laisse aux époux la liberté absolue de fixer à leur gré
la composition de cet actif commun, et c'est vraiment
ici que se trouve pour la femme un efficace moyen de
sauvegarder ses droits,

Elle peut tout d'abord exclure de l'actif commun
toute sa fortune présente, et notamment les biens qu'elle
aurait acquis par son travail antérieurement au mariage,
et les mettre à l'abri de l'omnipotence maritale. On
obtiendra ainsi le régime de la communauté réduite
aux acquêts, le plus fréquemment adopté de tous, régle-
menté spécialement par le Code, et qui protège la femme
beaucoup mieux que le régime de communauté légale.

Mais les époux peuvent aller plus loin : il leur est
loisible d'exclure de l'actif commun tout ou partie du
mobilier qu'ils pourront acquérir au cours du mariage,
soit à titre gratuit, soit à titre onéreux. La femme peut
ainsi se réserver la propriété de ses gains personnels ;
ce qui conduit à lui assurer sur eux un droit exclusif, à
la dissolution du régime. Une telle clause n'enlève cependant pas à la communauté, représentée par le mari,
son droit de jouissance sur ces biens ainsi réservés à la
femme : le mari continuera à les administrer et à en
jouir au nom de la communauté ; ce qui lui conférera
le droit d'en disposer conformément à l'article 587 du
Code civil, si ces gains consistent, ce qui est le cas nor-
mal, en des sommes d'argent.

Aussi la loi permet-elle aux époux de faire un pas de plus dans la voie où nous voici engagés ; il peut être convenu, après avoir réservé à la femme la propriété de ses gains personnels, qu'on lui en réserve aussi l'administration et la jouissance. Une telle clause est permise puisque les gains de la femme sont placés hors de l'actif commun et que le droit d'administration attribué par le droit commun au mari, ne lui appartiendrait plus comme chef de la communauté. La femme peut arriver ainsi à s'assurer d'une manière certaine le bénéfice exclusif de son travail.

Il faut convenir cependant que le moyen ainsi permis à la femme par la convention, s'il est très efficace en lui-même, est beaucoup plus théorique que pratique. En fait, de telles clauses ne sont pas usitées, et la raison en est simple. Si la femme, en effet, se réservait des droits aussi pleins, aussi absolus sur les produits de son travail, il arriverait de deux choses l'une : ou bien le mari en ferait autant de son côté, il garderait ses gains comme biens propres, au lieu de les laisser tomber dans le patrimoine commun, et l'on aboutirait à une séparation absolue des intérêts pécuniaires des époux, séparation peu conforme à la nature d'une union conjugale pourtant contractée, ne l'oublions pas, sous un régime de communauté ; ou bien le mari ne ferait pas, à son profit, les mêmes réserves que la femme et, dans ce cas, on aboutit à une inégalité de traitement qui peut paraître choquante, la femme gardant tous les bénéfices de son travail et profitant de ceux du mari, pour elle autant que pour son ménage.

En résumé si nous jetons un regard d'ensemble sur cette section, la conclusion qui s'impose à nous est celle-ci : possibilité théorique pour la femme de se protéger elle-même, par le jeu des conventions matrimoniales, contre les abus d'autorité de son mari ; inefficacité pratique de ce moyen.

## SECTION II

### LA SÉPARATION DE BIENS JUDICIAIRE.

En se mariant la femme a pu consentir à confier à son mari, dans une plus ou moins large mesure, la gestion des biens qu'elle acquerra par son travail. Mais si, au cours de l'union conjugale, les événements prouvent que cette confiance a été mal placée, si le mari se montre incapable ou indigne, la loi donne à la femme le moyen de revenir sur les conventions faites et de s'assurer des garanties pour l'avenir.

L'épouse peut, en premier lieu, si elle a à se plaindre gravement de la conduite de son mari, demander contre lui le divorce. Par là elle se soustrait aux mauvais traitements d'un brutal ou aux offenses d'un débauché ; elle rompt le lien du mariage, et avec sa liberté elle reprend le droit de disposer à son gré des produits de son travail. Elle peut même obtenir pour elle et les enfants issus du mariage une pension alimentaire si ses gains personnels sont insuffisants.

Le remède est radical mais, il faut bien le dire, il n'y peut être recouru que dans des cas particulièrement graves et, en somme, exceptionnels.

La femme peut encore, si les torts de son mari rendent la vie commune insupportable et si elle répugne à demander le divorce, demander la séparation de corps qui sans dissoudre le mariage fait cesser la vie commune, qui crée entre les époux au point de vue des biens une séparation semblable à celle qui résulte du régime de séparation de biens contractuelle, et qui enfin depuis la loi du 6 février 1893 restitue à la femme le plein exercice de sa capacité civile.

Mais fréquemment il arrivera que la vie commune n'est pas rendue intolérable à la femme, que celle-ci n'a à se plaindre que de la négligence, de la prodigalité du mari, du gaspillage qu'il fait de l'actif commun. Le seul reproche qu'elle puisse lui faire est d'être un mauvais administrateur. Il suffirait en pareil cas, pour sauvegarder les intérêts de la famille, que la femme pût faire révoquer le mandat qu'elle a donné à son mari, qu'elle prît en mains soit la direction des affaires d'argent du ménage, soit, tout au moins, l'administration et la jouissance des biens dûs à son labeur.

La loi a précisément créé dans ce but la séparation de biens judiciaire que nous devons étudier en examinant successivement : dans quels cas la femme peut recourir à ce moyen, dans quelle mesure il modifie sa situation et enfin quelle valeur pratique il convient de lui reconnaître.

Aux termes de l'article 1443 du Code civil, « la sé-« paration de biens ne peut être poursuivie qu'en jus-« tice par la femme dont la dot est mise en péril et « lorsque le désordre des affaires du mari donne lieu de « craindre que les biens de celui-ci ne soient point « suffisants pour remplir les droits et reprises de la « femme. »

Un premier point à remarquer, c'est que ce texte, quoique figurant dans le chapitre de la communauté légale, n'est pas spécial à ce seul régime.

L'article 1563 l'applique expressément au régime dotal et il n'est pas douteux qu'il soit également applicable à tous les autres régimes. La séparation de biens judiciaire nous apparaît ainsi, dès l'abord, comme un moyen de protection très général.

La rédaction de l'article 1443 pourrait cependant, à un autre point de vue, laisser croire que la loi ne donne pas à toute femme mariée, quelle qu'elle soit, le droit d'en invoquer l'application. L'épouse ne peut, est-il dit, dans ce texte, demander la séparation de biens que lorsque sa dot est mise en péril et lorsque ses droits et reprises sont en danger. Il semble résulter de là que la

femme qui n'a pas de biens propres, et notamment la
femme ouvrière qui n'a pour dot que le travail de ses
mains, ne puisse obtenir la séparation.

Cette interprétation restrictive est généralement repoussée. Presque tous les auteurs reconnaissent que la
femme qui n'a apporté que son industrie peut obtenir
la séparation de biens si son mari dissipe les produits
de cette industrie ou les détourne de leur destination
normale.

Cette solution était d'ailleurs admise dans l'ancien
droit et les rédacteurs du Code se sont certainement
inspirés de la théorie soutenue par Pothier : « Le péril
« de la dot étant le fondement ordinaire des demandes
« en séparation de biens, en doit-on conclure qu'une
« femme qui n'a apporté aucune dot à son mari ne
« puisse jamais demander cette séparation ? Non, car une
« femme qui n'a apporté aucune dot peut avoir un ta-
« lent qui lui en tienne lieu, comme lorsqu'elle est une
« habile couturière, une excellente brodeuse, etc. Si
« cette femme a un mari dissipateur, tous les gains
« qu'elle fait de son talent, entrant dans la commu-
« nauté, ne servent qu'à fournir aux débauches de son
« mari ou sont la proie de ses créanciers : la femme a
« donc intérêt d'obtenir la séparation de biens pour se
« conserver à l'avenir les gains qu'elle peut faire de
« son talent (1). »

(1) Pothier, *Traité de la communauté*, no 152.

Quoi de plus vrai que ces paroles, et quoi de plus équitable que d'assimiler, pour la protection qui leur est due, le travail de la femme et les biens qu'elle peut avoir apportés en se mariant? Son travail et son industrie sont une véritable dot dont elle a intérêt à conserver les produits au même titre que les revenus de tous autres biens (1).

La majorité des auteurs va même plus loin et admet qu'il n'est pas nécessaire, pour que la femme puisse obtenir la séparation de biens, qu'elle se livre à une industrie ou à un travail lui rapportant des gains. Dès l'instant où le mari compromet par ses dissipations la situation pécuniaire du ménage, la séparation peut être obtenue. La femme arrive ainsi à défendre les produits éventuels de tout travail, auquel elle pourrait se livrer plus tard, ou les économies qu'elle peut faire dans la gestion intérieure du ménage. Cette solution, il est vrai, est contestée par quelques auteurs et repoussée par divers arrêts (2), mais comme nous l'avons dit, elle est plus généralement admise (3) et elle montre bien la

---

(1) Aubry et Rau, t. V, § 516, texte et note 11. — Guillouard, Contrat de mar., t. III, no 1078. — Paris, 2 juil. 1878, D. 79, 2, 107 ; S. 79, 2, 199.

(2) Aubry et Rau, t. V, § 516, texte et note 9. — Amiens, 20 août 1877, D. 77, 2, 215.

(3) Troplong, Contrat de mar., t. II, nos 1319 et suiv. — Marcadé, t. V, art. 1443, p. 581. — Guillouard, Contrat de mar., t. III, no 1075. — Orléans, 6 juillet 87, D. 90, 2, 38. — Genève, 5 mars 89, Sir., 90, 4, 8.

tendance de la doctrine et de la jurisprudence à protéger la femme, même contre un préjudice éventuel.

Ajoutons enfin que la séparation de biens judiciaire
n'est pas accordée seulement contre le mari prodigue
ou débauché ; même quand il se conduit convenablement, il peut la voir demander avec succès par la femme
si, par incapacité, maladresse ou défaut d'intelligence,
il compromet les intérêts pécuniaires du ménage.

La loi ne fait pas de distinction à cet égard, et la
séparation de biens n'est pas tant une peine prononcée
contre le mari ; c'est bien plutôt une mesure de protection en faveur de la femme.

La séparation de biens judiciaire est donc, dans l'intention même de la loi et, par l'application extensive
qu'en font la doctrine et la jurisprudence, un remède
ouvert aussi largement que possible à la femme mariée.

Dans quelle mesure, étant une fois prononcée, la séparation de biens va-t-elle modifier la situation de la
femme qui en a obtenu le bénéfice ? La réponse est des
plus simples : au régime adopté par les époux, elle en
substitue un autre qui ne diffère pas de celui que nous
avons exposé en étudiant la séparation de biens contractuelle. Il n'y a donc qu'à se reporter aux règles que
nous avons développées sous ce régime pour préciser
la situation nouvelle faite à la femme séparée de biens
judiciairement.

Rappelons-les en quelques mots ; la femme reprend

la libre administration et la jouissance de son patrimoine. A ce titre, elle touche elle-même ses revenus,
les produits de son travail, et elle en peut disposer à son
gré, en faire, si elle veut, l'objet d'un placement.

La loi n'apporte qu'une restriction à ce droit de disposition, restriction exprimée par l'article 1448, aux
termes duquel la femme « doit contribuer, proportion-
« nellement à ses facultés et à celles du mari, tant aux
« frais du ménage qu'à ceux d'éducation des enfants
« communs.

« Elle doit supporter entièrement ces frais s'il ne
« reste rien au mari. »

Nous trouvons ici encore une nouvelle application du
principe que les revenus des époux, les produits de
leur activité doivent être employés, avant tout, à subvenir aux besoins de la famille, et c'est pourquoi la loi
oblige la femme séparée à contribuer, dans la mesure
de ses moyens, aux charges communes que la séparation
laisse subsister.

Il est à remarquer seulement que le mode de contribution de la femme est fixé par la loi d'une manière
différente dans les séparations de biens contractuelle et
judiciaire.

Sous la première, nous l'avons vu, la femme contribue aux charges communes dans la proportion fixée
par le contrat et, à défaut de stipulation à cet égard,
jusqu'à concurrence du tiers de ses revenus (art. 1537
C. civ.).

Ici, au contraire, elle contribue proportionnellement à ses facultés et à celles de son mari ; c'est-à-dire que les tribunaux devront, en prononçant la séparation, fixer eux-mêmes la part contributoire de chaque époux, quote-part qui pourra d'ailleurs toujours être modifiée par un nouveau jugement, si la situation pécuniaire respective des conjoints vient à changer.

Telle est en résumé la nouvelle situation de la femme séparée de biens judiciairement : on voit que sauf l'obligation de contribuer aux charges communes dans les conditions prévues par la loi, elle devient la maîtresse à peu près absolue de ses gains personnels.

Nous devons ajouter que pour protéger plus efficacement la femme, la loi a apporté en sa faveur une exception notable aux effets des jugements : Celui prononçant la séparation de biens crée pour les époux une situation nouvelle ; il appartient à la catégorie des jugements attributifs de droits. A ce titre il devrait produire des effets seulement à partir du jour où il est prononcé. Mais par une exception remarquable au principe, la loi déclare que le jugement prononçant la séparation de biens remonte, quant à ses effets, au jour de la demande (art. 1445, § 2).

La raison d'être de cette exception saute aux yeux : tant que dure l'instance en séparation le mari reste le chef du ménage, muni des pouvoirs de gestion que la loi ou la convention ont pu lui donner.

Il pourrait être tenté d'en abuser pour dissiper com-

plètement le patrimoine commun et détourner l'actif
du ménage de la destination qui lui est assignée. L'article 1445 a pour but de déjouer ce calcul. Grâce à sa
disposition, tous les actes que, depuis le jour de la demande, le mari aura pu faire à l'encontre des droits de
la femme seront nuls et la femme pourra demander à
les faire tomber, non seulement vis-à-vis de lui, mais
même à l'encontre des tiers qui auraient contracté avec
lui ; le régime nuptial adopté par les époux est réputé
dissous du jour de la demande, et le mari doit restituer
toutes les sommes provenant du travail personnel de la
femme et qu'il n'aurait pas employées à l'entretien de la
famille.

Tel est le système de protection mis par la loi à la
disposition de la femme. Il nous reste à apprécier sa
valeur et son efficacité pratique.

La séparation de biens judiciaire, avons-nous vu,
crée à la femme une situation semblable à celle qui résulte de la séparation contractuelle. Les imperfections
de ce régime se retrouvent donc naturellement ici.

Sans vouloir revenir sur ce qui a déjà été dit, nous
rappellerons que si la femme obtient l'administration
et la jouissance des produits de son travail, le droit
pour elle de disposer de ses meubles sans l'autorisation
de son mari est contesté en doctrine et en jurisprudence ; ce qui est admis sans difficulté, c'est que cette
autorisation lui est nécessaire pour les actes de disposition à titre gratuit.

Nous rappellerons aussi que la jurisprudence refuse à la femme séparée de biens le droit d'acquérir un immeuble sans autorisation de son mari.

A un autre point de vue également, la séparation de biens laisse la femme dans un état d'infériorité en face du mari, car celui-ci reste le chef du ménage, et c'est entre ses mains que la femme doit verser les sommes représentant sa part dans les charges communes. Le mari contre lequel la séparation de biens fut demandée étant en général un prodigue ou un débauché, il est fortement à craindre que les sommes à lui versées par la femme ne soient détournées de leur destination naturelle.

La femme séparée judiciairement ne devient donc pas, au point de vue des biens, complètement indépendante de son mari. Cela tient à ce que l'autorité maritale continue à subsister. Il n'en serait autrement que si la femme avait demandé la séparation de biens accessoirement à la séparation de corps, celle-ci emportant du reste nécessairement celle-là. Alors son incapacité de femme mariée disparaît, et elle redevient pleinement indépendante de son mari (art. 311, Code civil). Mais c'est là une extrémité à laquelle la femme recourra difficilement, surtout si un ou plusieurs enfants sont venus cimenter l'union. Il importe d'ailleurs de considérer que l'action en séparation de corps exige la réunion d'un certain nombre de conditions dont quelques-unes peuvent ne pas être remplies.

Il demeure donc certain que la séparation de biens judiciaire, obtenue par la femme, bien qu'elle lui donne une grande liberté au point de vue pécuniaire, ne la met pourtant pas complètement à l'abri des abus de pouvoir de son mari.

Envisagée dans son application pratique, elle nous apparaît encore comme un remède insuffisant. Elle exige tout d'abord une procédure longue et coûteuse devant laquelle ne reculera peut-être pas la femme mariée possédant une certaine fortune, mais qui sera un obstacle sérieux et peut-être décisif pour la femme de l'ouvrier. Il est vrai que l'institution de l'Assistance Judiciaire pourra, dans une certaine mesure, lui faciliter l'accès des tribunaux, mais la procédure, toujours aussi inexorablement longue sinon plus, n'exigera pas moins, de sa part, toute une série de démarches, de dérange-ments, de pertes de temps qui, pour une femme obligée souvent de pourvoir à elle seule à l'entretien du ménage, constituent un obstacle presque insurmontable. Il faut en conclure, et les faits le prouvent surabondam-ment, que la femme appartenant aux classes populaires ne peut, que dans une faible mesure, profiter des moyens mis à sa disposition par la loi.

## SECTION III

### LOIS SPÉCIALES.

Postérieurement au Code civil, diverses lois ont été votées qui sont venues modifier la situation respective des époux en ce qui touche la gestion des intérêts pécuniaires du ménage.

Bien qu'ayant une portée d'application générale, en fait et dans l'intention du législateur, elles devaient surtout servir à améliorer le sort des familles ouvrières. A ce titre elles nous intéressent tout particulièrement, et l'attrait qu'à tous égards elles présentent est d'autant plus considérable qu'il s'y trouve en germe le principe d'une modification du régime matrimonial légal, principe qu'a encore développé l'application pratique qui en a été faite. Nous voulons ici parler des lois de 1850 et 1886 sur la Caisse nationale des retraites pour la vieillesse et de celles de 1881 et 1895 sur les Caisses d'épargne.

### I. — Lois du 18 juin 1850 et du 20 juillet 1886 sur les Caisses des retraites pour la vieillesse.

Depuis longtemps l'attention du législateur a été appelée sur la nécessité de faciliter à l'ouvrier, au moyen

de versements successifs par lui effectués au cours de
de sa vie productive, la constitution d'une pension
pour le moment où l'âge l'aura rendu incapable de
subvenir par le travail aux besoins de la famille.

Et, par la force des choses, dès qu'on s'est préoccupé de la question, il a fallu se demander dans quelle
mesure la femme de l'ouvrier pourrait concourir à la
constitution de cette épargne ainsi utilisée et en profiter.

De là les dispositions intéressantes que nous trouvons
dans les lois de 1850 et 1886.

La loi du 18 juin 1850 a créé la caisse des retraites
pour la vieillesse. Le capital de ces retraites devait être
formé par les versements volontaires des intéressés. En
ce qui touche les droits de la femme mariée, l'article 4
de la loi contenait une disposition à remarquer : « Le
« versement fait pendant le mariage par l'un des deux
« conjoints profite séparément à chacun d'eux par
« moitié. »

Il est facile de voir en quoi cette disposition était
avantageuse pour la femme : elle l'était en ceci que sitôt
un versement fait par le mari ou par la femme, celle-ci
avait un droit acquis à la moitié du bénéfice devant un
jour en résulter, qu'elle acceptât plus tard la communauté ou qu'elle y renonçât. En d'autres termes, le droit
à la pension qui se partage par moitié entre les époux
appartient à chacun d'eux à titre de propre.

On abandonne donc le principe du régime de com-

munauté, d'après lequel tous les acquêts réalisés au
cours du mariage font partie de l'actif commun.

Et ceci permet à la femme, si le mari paresseux ou
débauché a mal fait les affaires de la communauté, de
renoncer à celle-ci lors de la dissolution, et de garder
quand même la moitié de la pension.

Tel est l'avantage que la femme trouvait dans la loi,
avantage très réel et d'autant plus à considérer que,
pour le lui accorder, le législateur avait dû s'engager
dans une voie nouvelle, où il modifiait sur un point important les règles du régime légal.

Nous devons dire cependant que, malgré cette innovation heureuse, la loi était insuffisante sur un point capital : Oui, sans doute, la femme avait droit à la moitié de
la pension, mais le soin de la créer était confié au seul
mari. Lui seul pouvait faire les versements ; et si la
femme était admise à en effectuer, ce n'était, remar-
quons-le, que conformément au droit commun ; or celui-ci ne lui permet de disposer des valeurs de communauté qu'avec l'autorisation du mari.

Et précisément il aurait fallu que la femme eût droit
de faire des versements sans cette autorisation. C'est en
cela qu'il était désirable de voir surtout consister l'innovation : la loi devait, semble-t-il, se préoccuper soi-
gneusement du cas où la femme est placée sous l'autorité d'un mari paresseux ou dissipateur, et lui donner
le droit de mettre elle-même une partie des ressources
du ménage, et notamment de ses gains, à l'abri des

abus du mari. Et c'est ce que malheureusement la loi ne faisait pas.

Dans un seul cas elle étendait quelque peu les droits d'épargne de la femme. Le § 6 de l'article 4 disposait que : en cas d'absence ou d'éloignement d'un des conjoints depuis plus d'une année, le juge de paix pourrait suivant les circonstances accorder l'autorisation de faire des versements au profit exclusif du déposant. Ainsi était prévu le cas où le mari abandonne sa femme, et l'on permettait alors à celle-ci d'épargner une bonne partie de ses salaires et de les soustraire définitivement à l'autorité maritale.

En dehors de ce cas, la protection accordée par la loi à la femme se réduisait à ceci : elle profitait personnellement des versements que voulait bien faire son mari, mais elle ne pouvait elle-même mettre par l'épargne aucune partie de ses salaires à l'abri du gaspillage du mari.

La réforme ébauchée par la loi de 1850 a été complétée par une loi du 20 juillet 1886. Aux termes de l'article 13, § 4 : « les femmes mariées, quel que soit « le régime de leur contrat de mariage, sont admises « à faire des versements sans l'assistance de leur « mari. »

Ainsi donc la femme peut toujours faire elle-même les versements sans que son mari puisse s'y opposer, sans qu'il puisse réclamer les sommes versées. Il ne s'agit plus ici d'un mandat tacite donné par le mari ;

la femme puise dans sa qualité propre d'épouse le droit
de faire des dépôts.

On sent immédiatement la portée de la réforme et
combien elle porte atteinte aux règles ordinaires de la
communauté. La femme effectuera en général les versements au moyen des économies qu'elle aura pu réaliser dans la direction du ménage, c'est-à-dire au
moyen de biens communs; elle a ainsi un véritable
droit d'administration sur le patrimoine commun, droit
qui s'exerce parallèlement à celui du mari. Elle peut dès
lors, dans une mesure appréciable, disposer d'une façon au moins indirecte de ses gains personnels. Il suffit
qu'elle les porte à la Caisse des retraites pour qu'aussitôt le mari voie lui échapper tout droit sur eux ;
voilà donc la femme sûre qu'ils seront épargnés et qu'elle
aura un droit propre sur la moitié de la pension qu'elle
a elle-même et librement constituée.

Si on ajoute que la femme peut effectuer des versements à son profit exclusif, d'une part au cas d'abandon par le mari depuis plus d'un an, et d'autre part
quand elle est séparée de biens contractuellement ou
judiciairement (1), on voit de quelle portée est la réforme et quels droits d'administration et de disposition
sur les produits de son travail la femme y a conquis (2).

(1) Art. 13, §§ 7 et 8.
(2) La loi permet à la femme de se constituer à titre de propre non
seulement une rente, mais même un capital dont elle peut disposer
pour le jour de son décès. La jurisprudence et la doctrine admettent

Malheureusement la pratique de cette loi de 1886 n'a pas donné tous les heureux résultats qu'on pouvait en attendre. La Caisse nationale des retraites, qui offre pourtant des conditions si avantageuses aux travailleurs, n'a pas obtenu quant à eux le succès espéré. Que ce soit par ignorance, négligence ou toute autre cause, la femme ouvrière ne paraît pas avoir largement profité de la faculté, pourtant précieuse, que lui offre la loi de 1886.

La réforme tentée, nous ne le disons pas sans regret, semble avoir partiellement manqué son but.

### II. — Lois du 9 avril 1881 et du 20 juillet 1895 sur les Caisses d'épargne.

Une pratique bien plus fréquente, dans les classes ouvrières, que le dépôt à la Caisse des retraites est le dépôt aux Caisses d'épargne. La femme, naturellement prédisposée à remplir dans la famille une fonction de conservation et d'épargne, se sent portée à effectuer elle-même ces dépôts, et le plus souvent elle les réalise avec ses gains personnels, gains que par son économie elle aura réussi à ne pas rendre indispensables, au moins en partie, à l'entretien du ménage.

en effet que lorsque la femme stipule, en même temps que la rente viagère, le paiement du capital, elle se constitue un bien propre, un capital en argent dont elle peut disposer pour le jour de son décès. Cass., 25 juin 1888, S. 89, 1, 338.

Nous nous proposons d'examiner dans quelle mesure elle peut déposer à la Caisse d'épargne et quels
droits elle et son mari peuvent respectivement exercer
sur les sommes ainsi placées. Nous rencontrons ici les
dispositions très importantes des lois de 1881 et 1895 ;
mais avant de les examiner, il est indispensable de préciser rapidement quelle était la pratique suivie avant leur
promulgation, à une époque où les Caisses d'épargne
fonctionnaient en France depuis un certain temps déjà
et avaient obtenu un légitime succès.

D'après les règles du régime de communauté qui
seul nous intéresse à ce point de vue, les versements de
la femme mariée, effectués forcément au moyen de deniers communs, auraient dû être autorisés par le mari
qui, seul, a l'administration de la communauté ; de
même les fonds versés continuant à appartenir à la
communauté, le mari, son chef, aurait dû avoir seul le
droit de retirer les sommes versées par la femme. La
pratique était cependant arrivée à s'écarter notablement de ces règles.

Conformément à des instructions ministérielles du
17 décembre 1852 et du 4 juin 1857, on n'exigeait
l'autorisation du mari que pour le premier versement
de la femme ; et quant au remboursement, on décidait
que le mari ne pouvait l'exiger seul ; le consentement
de la femme lui était indispensable, à moins toutefois
qu'il n'ait obtenu une autorisation de justice. Cette pratique qui contrecarrait ouvertement les règles du droit

G. P. 7

matrimonial et qu'approuvait néanmoins la jurisprudence (1) permettait à la femme de disposer dans une
certaine mesure des économies qu'elle avait pu faire
elle-même.

Elle était cependant insuffisante à un double point de
vue : d'une part le mari n'avait qu'à refuser d'autoriser
le premier versement pour paralyser la faculté reconnue à la femme ; d'autre part la femme ne pouvait se
faire rembourser ses versements sans l'assistance de
ce mari ; ce qui était de nature à la détourner, dans
bien des cas, d'effectuer les dépôts. La pratique, nous
devons le reconnaître, avait tourné la difficulté : la
femme mariée se faisait souvent délivrer un carnet à
son nom de jeune fille, et les Caisses d'épargne fer-
maient volontiers les yeux sur cette supercherie à la
faveur de laquelle la femme mariée pouvait déposer et
retirer librement, et par là-même se réserver en fait la
disposition de tout ou partie de ses économies.

Cet irrégulier procédé, en même temps qu'il trouvait
son excuse dans la rigueur de la loi, rendait plus évi-
dente son imperfection et démontrait la nécessité d'une
réforme. Celle-ci se fit cependant attendre jusqu'en 1881.

*Loi du 9 avril 1881*. — Cette loi créait une Caisse
nationale d'épargne postale, qui devait fonctionner pa-

(1) Trib. de la Seine, 26 janv. et 16 nov. 1875. — *Journal des Caisses d'Epargne*, 1887, p. 75.

rallèlement aux Caisses d'épargne privées. Elle réglait le droit de la femme mariée dans son article 6 § 5 ainsi conçu : « Les femmes mariées, quel que soit le régime « de leur contrat de mariage, seront admises à se faire « ouvrir des livrets sans l'assistance de leurs maris ; « elles pourront retirer sans cette assistance les sommes « inscrites aux livrets ainsi ouverts, sauf opposition de « de la part de leurs maris. »

La femme obtenait là le droit de déposer ses économies *sans l'assistance et même malgré l'opposition* de son époux. Il est essentiel de remarquer combien une pareille prérogative est importante et modifie l'application des règles de communauté aux classes laborieuses. Nous l'avons dit et il faut le répéter : dans la famille ouvrière les sommes que la femme dépose ainsi ne peuvent être que des valeurs de communauté, et en lui permettant de verser malgré le mari, la loi donnait à la femme sur le patrimoine commun un droit d'administration contraire à l'essence du régime de communauté. On s'était défendu au Parlement de vouloir modifier au profit de la femme les principes du Code civil ; on avait dit et répété que si la femme pouvait déposer sans l'assistance du mari, c'est qu'elle agissait alors en vertu d'un mandat tacite de celui-ci (1).

(1) Voy. Rapport de M. Le Bastard au Sénat, *J. Off*<sup>ct</sup>, Sénat 1881. Annexe nº 23, page 224. — Discours de M. de Massy, *J. Off*<sup>ct</sup> du 29 mars 1881 au Sénat.

Mais il est aisé de voir que l'explication est purement
spécieuse : s'il s'agissait ici d'un simple mandat, il faudrait dire que le mari peut y mettre fin quand bon lui
semble ; il pourrait le révoquer et interdire aux Caisses
d'épargne de recevoir les versements de sa femme. Or,
la loi de 1881 lui refuse une pareille faculté. Il convient donc de reconnaître que la femme mariée qui
effectue des versements agit en vertu d'un droit qui lui
appartient en propre sur le patrimoine commun et
notamment sur ses gains personnels.

La loi de 1881 admettait cependant une restriction
considérable aux droits de l'épouse ; celle-ci pouvait
déposer, mais elle ne pouvait retirer librement. Le
mari pouvait, en faisant opposition, l'empêcher de retirer les sommes versées par elle. Il révoquait ainsi le
prétendu mandat donné à sa femme, et reprenant l'exercice de ses droits il pouvait, en sa qualité de chef, toucher les épargnes de sa femme.

Cette disposition, qui rendait à l'autorité maritale tout
son empire, était de nature à paralyser les bienfaisants
effets de la réforme. Bien souvent en effet la femme
sera détournée de déposer si elle sait que son mari
pourra réclamer, pour le dissiper, le produit de ses économies. Heureusement sur ce point une pratique allait
s'introduire qui devait, contrairement aux prescriptions
de la loi, annihiler à peu près complètement les prérogatives du mari.

La loi parlait simplement d'opposition du mari, sans

en fixer les formes. Juridiquement, puisqu'il s'agissait ici de la révocation du mandat, il devait suffire que le mari fît connaître à la Caisse d'épargne d'une manière quelconque, par simple lettre par exemple, son intention de mettre fin à ce mandat. Mais, arguant du mot « opposition » employé par la loi, les Caisses d'épargne exigèrent que le mari recourût à la forme d'un acte extra-judiciaire, signifié par huissier (1).

Cette exigence, contraire à la loi en ce qu'elle assimilait le mari chef de communauté à un créancier qui fait saisie-arrêt entre les mains d'un tiers, était un premier obstacle pour le mari. Dans les classes populaires particulièrement, le mari devait peu volontiers recourir, pour des dépôts souvent peu importants, au ministère coûteux d'un huissier.

Ce n'est pas seulement quant à la forme de l'opposition que les Caisses d'épargne adoptèrent une pratique contraire aux principes de la loi, ce fut aussi quant à ses effets.

Juridiquement parlant, le mari qui fait opposition à ce que sa femme retire elle-même les dépôts, invoque sa qualité de chef de la communauté et devrait, à ce titre, à condition de justifier de sa qualité de mari, pouvoir retirer lui-même les sommes déposées par sa femme. Mais les Caisses d'épargne, arguant ici encore du terme « opposition », se conduisirent vis-à-vis du

(1) Voy. *Journ. des Caisses d'épargne*, 1890, p. 312.

mari comme tout tiers saisi se conduit vis-à-vis d'un
créancier saisissant : elles se bornèrent à suspendre les
remboursements que leur demandait la femme dépo-
sante et refusèrent de rien rembourser au mari avant
qu'il eût fait valider son opposition par les tribunaux.
Cette prétention, repoussée, il est vrai, par certains
tribunaux (1), fut admise par le plus grand nombre (2) ;
ce qui obligeait le mari à subir les retards et à faire
l'avance des frais d'une instance toujours longue et
coûteuse. Cette exigence, jointe à l'incertitude de la
décision de justice et au faible intérêt en jeu, devait,
plus encore que la première, paralyser en fait le droit
du mari.

Aussi, ne faut-il pas s'étonner que dans la pratique,
le nombre des dépôts effectués par les femmes mariées
sans l'assistance de leur mari ait été très grand, alors
que le nombre des oppositions des maris et des remboursements obtenus par eux était, au contraire, infime.

En résumé, la loi de 1881 donnait à l'épouse un véritable droit d'administration sur le patrimoine commun ; elle lui permettait, grâce à l'interprétation de la

---

(1) V. notamment : Trib. de Louviers, 5 mars 1892, *Journ. des
Caisses d'épargne*, 1892, p. 209. — Trib. de Boulogne, 15 déc. 1893,
ibid. 1894, p. 29.

(2) V. notamment : Trib. de la Seine, 8 fév. 1891, *Journ. des Caisses
d'ép.*, 1892, p. 214. — Trib. d'Avignon, 2 juin 92, ibid. 1893, p. 285.
— Trib. de Beauvais, 21 avril 94, ibid. 1894, p. 174.

pratique, de mettre ses économies, et une partie souvent considérable de ses salaires et gains personnels, à l'abri de la dissipation du mari. Cette loi a été, nous l'allons voir, modifiée d'une manière assez sensible et imprévue par la loi de 1895.

*Loi du 20 juillet 1895.* — Quelques années à peine après le vote de la loi de 1881, on avait reconnu la nécessité de remanier dans ses grandes lignes l'institution des Caisses d'épargne ; et parmi les réformes demandées au Parlement figurait celle relative au droit des femmes mariées. On proposait de rendre légale, par un texte formel, la pratique que suivaient déjà les Caisses d'épargne en décidant, d'une part, que l'opposition du mari ne pourrait être faite que par exploit d'huissier et, d'autre part, que la Caisse d'épargne qui aurait reçu l'opposition ne pourrait payer au mari, comme un tiers saisi ordinaire, que sur une autorisation de justice.

Tout le monde à la Chambre et au Sénat était d'avis d'étendre les droits de la femme, et cependant par suite d'un changement inexplicable, on vit sortir des délibérations des Assemblées législatives un texte qui apportait une restriction aux droits que reconnaissait à l'épouse la loi de 1881. Ce texte est l'article 16, § 4, de la loi du 20 juillet 1895.

Nous y trouvons confirmé le droit pour toute femme mariée de se faire ouvrir un livret sans l'assistance de son mari, et de retirer sans cette assistance les sommes déposées, sauf le cas d'opposition émanée du mari.

L'opposition, aux termes de l'article 17, devait être signifiée aux Caisses d'épargne dans la forme des actes extra-judiciaires. Elle produisait à l'égard des Caisses les mêmes effets que l'opposition prévue au Code de Procédure civile (art. 17). Ceci confirmait la pratique des Caisses d'épargne. Mais précisant les effets de l'opposition quant au retrait des sommes déposées, l'article 16, § 4, ajoutait : « Dans ce cas, il sera sursis au retrait du « dépôt et ce, pendant un mois, à partir de la dénon- « ciation qui en sera faite à la femme, par lettre recom- « mandée, à la diligence de la Caisse d'épargne. — « Passé ce délai, et faute par la femme de s'être pourvue « contre la dite opposition par les voies de droit, le « mari pourra toucher seul le montant du livret si « le régime sous lequel il est marié lui en donne le « droit. »

Cet article qui forme la législation actuellement en vigueur constitue, ce n'est pas douteux, un retour en arrière en ce qu'il facilite la mainmise du mari sur les économies de la femme.

Sous la loi de 1881 il ne pouvait s'en emparer qu'en prenant l'initiative d'une action en justice. Désormais il va lui suffire, une fois l'acte d'opposition signifié, de rester dans l'expectative, et au bout d'un mois il pourra toucher les dépôts en justifiant de sa qualité.

Si sa femme veut l'en empêcher, il faut qu'elle-même

se pourvoie par les voies de droit, c'est-à-dire prenne
l'initiative d'un procès dans lequel elle a de grandes
chances de succomber si elle est mariée sous le régime
de communauté.

L'heureuse situation que la pratique des Caisses
d'épargne avait faite à la femme sous le régime de 1881
se trouve ainsi renversée à son détriment.

Personne au Parlement n'avait eu en vue ce résultat
fâcheux qui non seulement lésait la femme dans ses
intérêts, mais était en outre en contradiction avec la
seconde partie de l'article 17. Celui-ci en déclarant que
l'opposition produira à l'égard des Caisses d'épargne
ses effets ordinaires entendait dire que les Caisses ne
devaient payer au mari que s'il était muni, comme doit
l'être tout créancier saisissant, d'un jugement d'autorisation ; tandis que l'article 16 déclarait que les remboursements seraient exigibles par le mari un mois
après l'opposition. Il y avait là une disposition vicieuse,
susceptible de produire les plus fâcheux effets.

Heureusement, cette fois-ci encore, la pratique s'est
chargée de corriger les imperfections de la loi. Les
Caisses d'épargne, sans violer ouvertement son texte,
se sont ingéniées à le tourner en accumulant les obsta-
cles devant le mari qui veut s'emparer des économies
de la femme. On ne lui conteste pas le droit de se faire
rembourser un mois après son opposition non contre-
dite par la femme, mais on exige de lui de nombreuses
justifications qu'il sera souvent hors d'état de fournir,

qui seront toujours difficiles à réunir et feront de son droit un avantage purement théorique.

Aux termes de l'instruction ministérielle du 20 décembre 1895, le mari « sera tenu de rapporter le livret « qui forme le titre de sa créance contre la Caisse « d'épargne ; il ne lui en sera pas délivré de duplicata « attendu... qu'il (le livret) se trouve entre les mains « de la femme qui en est titulaire, et de laquelle il devra « en obtenir la remise par telles voies qu'il jugera con- « venables ». Ainsi donc, la femme n'a qu'à dissimuler le livret, ce qui ne lui sera jamais difficile, pour annihiler absolument les prérogatives du mari.

En supposant que l'époux ait pu mettre la main sur le livret de sa femme, il n'est pas au bout des difficultés. Il devra, dès l'instruction précitée, établir son identité et sa qualité de mari de la titulaire, et il devra justifier du droit que lui confère son régime matrimonial d'obtenir le remboursement du dit livret. Et voilà le mari obligé de produire une copie de son acte de mariage et souvent une expédition de son contrat de mariage.

Il doit prouver ensuite qu'il n'est survenu ni séparation de corps, ni divorce. Pour le divorce, qui doit être transcrit sur l'acte de mariage, la preuve en sera facile ; il suffira de produire une copie de cet acte.

Mais pour la séparation de corps ou de biens il faudra recourir à un acte de notoriété, délivré par un notaire ou par le greffier de la justice de paix avec la présence

de deux témoins. De là des frais et des lenteurs qui
pourront fréquemment détourner le mari de son entreprise.

Finalement « la Caisse aura en outre à exiger telles
« autres justifications complémentaires qui lui parai-
« traient nécessaires pour effectuer valablement le
« remboursement entre les mains du mari ». (Instr.
minist. de 1895.)

Il n'est donc pas étonnant que le nombre des oppositions et des remboursements faits au mari seul soit
absolument infime et négligeable, eu égard aux dépôts
effectués par les femmes mariées sans l'assistance de
leur mari.

En résumé les nécessités de la pratique ont été plus
fortes que la loi. Il est permis de dire sans exagération
que le fonctionnement des Caisses d'épargne, tel qu'il
est réglé en fait, a permis à la femme mariée laborieuse
et économe qui a su mettre une partie de ses gains et
salaires à l'abri de la dissipation immédiate du mari, de
les soustraire définitivement à son autorité et de s'en
constituer une réserve à laquelle, le jour venu, elle
pourra puiser pour pourvoir aux besoins de ses enfants
et d'elle-même.

# LÉGISLATIONS ÉTRANGÈRES

—

L'étude contenue dans la première partie de ce travail nous a montré l'imperfection de la loi française et l'injustice ou, tout au moins la rigueur de la situation que dans nombre de cas elle crée à la femme mariée; elle nous a fait apparaître l'insuffisance des moyens que la loi donne à l'épouse pour accroître ses droits sur ses gains personnels. Or, avant de passer à l'examen des projets qui ont pour but de réformer sur ce point notre législation, nous ne croyons pas sans utilité d'exposer rapidement les solutions données à la question qui nous occupe par un certain nombre de législations étrangères. Notre but n'est assurément pas de faire une étude complète de toutes ces législations, ce qui excéderait les bornes de notre tâche ; nous nous contenterons de signaler celles qui présentent pour nous un certain intérêt.

Parmi ces législations, quelques-unes sont particulièrement intéressantes car leur régime matrimonial de droit commun, quoique différent du nôtre sur bien des points de détail, présente du moins ce caractère de consister, comme lui, en un régime de communauté comprenant la

constitution d'un patrimoine commun, patrimoine qui
sera partagé entre les époux au jour de la dissolution. Il est intéressant de savoir comment les
législations de certains de ces pays ont concilié l'existence d'un pareil régime de communauté avec une
extension plus ou moins grande du droit de la femme sur
le patrimoine commun et sur les produits de son travail.

D'autres pays, à l'inverse des premiers, pratiquent
comme régime de droit commun un véritable régime
de séparation dans lequel les intérêts des époux sont
distincts et où, par suite, la femme doit avoir, sur ce
qu'elle gagne, des droits extrêmement étendus. Il va de
soi que l'étude de ces législations présente pour nous
un intérêt bien moindre, car dans ce problème ardu qui
consiste à concilier les droits de la femme avec ceux
du mari sur le patrimoine commun, elles ne nous four-
nissent pas d'éléments de solution. Nous devons toutefois faire observer que plusieurs de ces législations, qui
pratiquent aujourd'hui le régime de séparation, n'ont
connu jusqu'à une époque récente qu'un régime de
communauté, souvent bien plus rigoureux pour la
femme que le nôtre. L'étude de ces législations aura
donc l'avantage, inattendu au premier abord, de nous
montrer, dans plus d'un pays, ce qu'il est advenu d'une
législation séculaire mais trop rigoureuse, conçue dans
le même esprit que celle du Code civil français ; nous
y verrons comment un effort persévérant a pu introduire dans le droit plus de justice et d'équité.

Cette courte étude de droit comparé sera donc naturellement divisée en deux chapitres consacrés : l'un aux
pays de séparation de biens, l'autre aux pays de communauté.

# CHAPITRE PREMIER

## PAYS DE SÉPARATION DE BIENS

—

Sous ce chapitre nous nous proposons d'étudier les législations de l'Angleterre, des États-Unis d'Amérique et du projet du Code civil Allemand.

### I. — ANGLETERRE

L'Angleterre a donné, au cours de ces dernières années, relativement aux droits pécuniaires de la femme mariée, le spectacle d'une transformation complète, radicale de sa législation. Pour bien comprendre un aussi curieux mouvement il importe d'exposer d'abord comment l'ancien droit anglais avait réglé les rapports pécuniaires des époux.

Le droit anglais, qu'à ce point de vue on a non sans raison comparé au droit des anciens Romains, repose avant tout sur la coutume, la tradition, qui forme la base de la législation, le *common law*. Or, en ce qui concerne le droit de la femme mariée, ce *common law*, issu des vieilles coutumes germaniques, était d'une rigueur absolue. La femme, par le seul fait du mariage, perdait sa personnalité juridique qui était absorbée par celle du mari. Il se produisait alors un effet analogue à celui qui se réalisait en droit romain dans le mariage avec *manus* : la femme subissait une sorte de *capitis deminutio*, elle ne formait plus une personne juridique et elle se trouvait remplacée par son mari. Aussi, par application du principe, on décidait que la femme mariée ne pouvait en aucune manière contracter, ni avec les tiers ni avec son mari ; et par une conséquence rigoureuse mais logique de cette règle, elle ne peut intenter personnellement aucune action, ni contre les tiers ni contre son mari. Elle ne pouvait faire de testament, et son mari ne pouvait rien lui donner, si ce n'est par voie de disposition testamentaire.

Quant aux biens que la femme possédait au jour du mariage, la loi anglaise distinguait. Les meubles devenaient par le mariage la propriété absolue du mari qui pouvait en disposer à son gré. Les immeubles restaient au contraire la propriété de la femme. Par une exception admise couramment dans le droit féodal désireux de conserver les fiefs dans les mêmes familles, on avait apporté ici une restriction aux droits absolus du mari. Celui-ci n'acquérait sur les immeubles qu'un droit d'administration et de jouissance ; il devait les rendre à la dissolution du mariage aux héritiers de la femme ; à moins que celle-ci ne laissât comme héritier un enfant ;

cas dans lequel le mari, en vertu de ce qu'on appelait la courtoisie d'Angleterre (*the curtesy of England*), conservait jusqu'à sa mort un droit d'usufruit sur les immeubles de sa femme.

Une telle législation était trop rigoureuse pour que la pratique ne tentât pas d'en atténuer les injustes conséquences. Si les tribunaux de droit commun étaient liés par le *common law*, en revanche les Cours d'équité consacrèrent une doctrine plus conforme aux intérêts de la femme. Elles lui permirent de se constituer un patrimoine personnel, *separatate estate*, au moyen de certains détours ingénieux dont le principal fut l'emploi du fidéicommis (*trust*). La femme, en se mariant, confiait ses biens à un fiduciaire ou fidéicommissaire (*trustee*) qui devait les remettre à elle ou à ses héritiers à la dissolution du mariage. La femme ne conservait plus sur ses biens qu'une sorte de domaine utile (*use*) qui, non reconnu par la loi, ne pouvait être acquis par le mari au moment du mariage. Le *trustee* choisi était très souvent le mari, qui dès lors devait rendre à la femme, à la dissolution, tous les biens qui lui avaient été ainsi confiés (1).

On permettait aussi à la femme de se constituer un *separatate estate* par l'exercice d'un commerce séparé pour les besoins duquel la pratique lui reconnaissait la capacité de s'obliger.

(1) Voy. Glasson. *Hist. du Dr. et des Institutions de l'Angleterre*, t. VI, p. 185 et suiv. — Stephen, *Comment. des lois de l'Angleterre*, t. II, p. 267.

Mais ces améliorations réalisées dans des conditions extra-légales n'avaient qu'une portée très limitée. D'une part la création d'un *separatate estate* exigeait la rédaction d'actes coûteux, et d'autre part le système des *trustees* ne pouvait s'appliquer qu'à des biens déjà existants, et non à des biens qui, comme les salaires, s'acquièrent au jour le jour. C'est pourquoi ces procédés n'étaient employés que par les classes riches ; les classes inférieures, les ouvriers ne pouvaient songer à y recourir.

Il en résultait que malgré ces réformes le sort des produits du travail de la femme était réglé par le *common law*, c'est-à-dire que ces produits appartenaient en toute propriété au mari, maître d'en disposer à son gré sans avoir de compte à rendre à personne. Des abus se produisirent, nombreux et révoltants ; l'opinion publique s'émut et on sentit la nécessité d'une réforme ; cela d'autant mieux qu'un autre pays anglo-saxon, les États-Unis d'Amérique, modifiait à ce moment sa législation.

Le premier pas dans la voie des réformes fut fait par la loi du 28 août 1857 sur le divorce, qui permettait à la femme abandonnée par son mari d'obtenir du juge une ordonnance l'autorisant à conserver la propriété et la jouissance des biens qu'elle aurait acquis depuis le départ de son mari (1).

(1) Voir *Bulletin de Législation comparée*, déc. 1871, p. 11.

La réforme était timide, puisqu'en dehors du cas
exceptionnel d'abandon, le mari restait le maître absolu des droits de sa femme. Mais elle est intéressante
à signaler comme marquant d'une manière palpable le
point de départ de l'évolution ; n'était-elle pas le premier coup porté à l'antique *common law* ?

Cette première réforme donna une impulsion nouvelle
au mouvement progressiste. En 1868, M. Shaw Lefèvre,
au nom de l' « Association nationale pour le progrès des
sciences sociales » présenta à la chambre des communes
un projet qui conférait à la femme mariée l'administration de tous ses biens, et notamment de ses gains personnels.

Le *bill* fut soumis à l'examen d'une commission qui
procéda à une enquête destinée à faire apparaître les
vices de la législation. A la suite de cette enquête, le
*bill* fut voté par la Chambre des communes tel qu'il
était proposé. Mais la Chambre des Lords lui fit subir
des modifications qui restreignirent beaucoup sa portée
et il devint ainsi la loi du 9 août 1870 (1).

Aux termes de cette loi (art. 1), la femme mariée
conservait la propriété des produits de son travail. Ses
gages, ainsi que les gains réalisés dans un emploi, par
le fait d'un commerce séparé ou par suite de travaux

_____

(1) « An act to amend the law relating to the poperty of married women » 1870, 33, 34. Victoria, ch. 93. (*Annuaire de législ. étrangère*,
1871, p. 55). — La loi de 1870 fut modifiée sur un point de détail par
celle du 30 juillet 1874 (*Annuaire de législ. étrangère*, 1874, p. 32).

littéraires, artistiques ou scientifiques, lui appartiennent
et restent à sa disposition exclusive : elle est libre de
placer les sommes ainsi gagnées dans une caisse d'épargne, en rentes sur l'État, ou autrement.

Ces dispositions s'appliquaient à toutes les femmes
mariées, que leur mariage fût postérieur ou antérieur à
la promulgation de la loi. A ce point de vue la réforme
était générale ; mais à d'autres égards elle était seulement partielle : elle donnait à la femme le droit de disposer de ses gains personnels, mais elle ne touchait pas
à ses droits sur ses autres biens.

La réforme de 1870 n'était qu'un acheminement vers
un changement plus radical. Sous l'influence du parti
progressiste, sous l'impulsion donnée par la « Ligue
pour le droit des femmes », un nouveau projet fut proposé à la Chambre des Lords qui l'adopta sans discussion.
Approuvé par l'opinion publique gagnée à la réforme,
il fut admis également par la Chambre des communes
et devint la loi du 18 août 1882 (1) qui est entrée en
vigueur le 1er janvier 1883.

Cette loi a étendu à tous les biens de la femme les
solutions admises par l'act de 1870 pour ses gains
personnels. Elle a séparé complètement les intérêts pécuniaires des époux et a rendu à la femme sa complète
capacité civile. Désormais, la femme mariée conserve

(1) « The married women's Property. Act. 1882 ». (*Annuaire de législ. étrangère*, 1882, p. 329).

la propriété de tous les biens qu'elle possède au jour
du mariage, et de ceux qu'elle acquiert par la suite, y
compris ceux qui sont le produit de son travail. Elle en
dispose librement comme si elle n'était pas mariée ;
elle peut s'obliger et ester en justice sans l'autorisation
de son mari ; elle a la libre administration et la jouissance de son patrimoine. Les charges du mariage sont
supportées par les deux époux en proportion de leurs
facultés respectives.

Ainsi l'*act* de 1882 a réalisé en Angleterre l'émancipation de la femme mariée. L'exemple de ce pays est
particulièrement instructif en ce qu'il nous montre comment, avec une persévérante sollicitude, en s'inspi-
rant non de principes abstraits, mais de considéra-
tions pratiques, un législateur peut, par un petit nombre
de transitions graduelles, transformer de fond en comble
une partie de la législation aussi importante et aussi
délicate que celle qui réglemente la condition de la
femme mariée.

## II. — ÉTATS-UNIS D'AMÉRIQUE

Les États-Unis ont été, pendant longtemps, soumis à
la même législation que l'Angleterre. Lorsque les Anglais s'établirent dans l'Amérique du Nord, ils appor-
tèrent avec eux leurs coutumes qui devinrent la loi
générale du pays. La guerre d'Indépendance rompit les

liens politiques qui unissaient la colonie à la métropole,
mais les États-Unis, nation libre, conservèrent la législation qu'ils tenaient de la mère-patrie.

Le *common law* fut donc et resta la base de la législation américaine comme celle de l'Angleterre. Toutefois le même mouvement réformateur qui se dessina en
Angleterre devait également se produire aux États-Unis.
Il s'y développa même plus tôt et plus rapidement. Cela
tint surtout à ce que dans les États-Unis devenus rapidement un pays industriel de grande production, l'injustice
de la condition faite par le *common law* à la femme
mariée ouvrière, ne pouvait tarder à se manifester, à
devenir particulièrement criante, et comme, dans un
pays neuf, les traditions conservatrices ne pouvaient
avoir la même force qu'en Angleterre, on conçoit que
les réformes devaient y voir le jour plus tôt.

Ces réformes ne furent pas réalisées par voie de dispositions générales applicables dans tout le territoire
de la Confédération. Chaque État ayant conservé le droit
de former à sa guise sa législation civile, de nombreuses lois furent promulguées dans les différents États et,
quoique inspirées d'un même esprit, elles réglèrent
un peu diversement la condition de la femme mariée
en ce qui touche les produits de son travail.

Nous ne pouvons songer à exposer le système de
toutes ces lois. Nous nous bornerons à résumer l'his-
toire de la réforme dans l'État de New-York, un des
plus importants au point de vue industriel, où par con-

séquent la réforme était le plus nécessaire, et en même temps l'un de ceux où elle a été la plus complète (1).

Les premières innovations furent timides et partielles. En 1840 une loi reconnaissait à la femme mariée la faculter de contracter à son profit des assurances sur la vie, soit sur la sienne propre, soit sur celle de son mari ou de ses enfants.

Deux lois des 7 avril 1848 et 11 avril 1849 firent un pas de plus : elles déclaraient que les biens possédés par la femme au jour du mariage et ceux qui lui adviendraient au cours du mariage à titre gratuit de toute autre personne que son mari, resteraient sa propriété et qu'elle pourrait en disposer librement comme si elle n'était pas mariée. Ces lois avaient une grande importance au point de vue théorique car elles abandonnaient résolument sur un point les principes du *common law*. Mais elles laissaient en dehors de leurs prévisions le cas le plus fréquent, celui où la femme mariée gagne des sommes plus ou moins considérables par son travail ou son industrie.

Ce fut la loi du 20 mars 1860 (2) qui réalisa la première une réforme générale, applicable aux gains personnels de la femme comme à ses autres biens, en éta-

(1) La réforme a été accomplie dans les États suivants : Vermont, 1847 à 49 ; Connecticut, 1858 ; Massachussets, 1857 et 74 ; Mississipi, Code de 1880 ; Pensylvanie, loi 30 juin 1887. — Au Canada la réforme date de 1875.

(2) « Act concerning the rights and liabilities of husband and wife. »

blissant une séparation d'intérêts entre les époux. Elle
déclarait que la femme aurait sur ses biens les mêmes
droits que si elle n'était pas mariée.

Enfin les lois des 28 mai 1884 et 14 mai 1892 ont
achevé la transformation en posant en principe que la
femme mariée a les mêmes droits sur ses biens quels
qu'ils soient, et la même capacité que la femme non
mariée.

En résumé, l'État de New-York, ainsi du reste que
beaucoup d'autres États de la Confédération de l'Amérique du Nord, sont arrivés, sous l'influence des mêmes
causes de l'Angleterre et plus vite encore que ce pays,
à modifier radicalement leur législation en ce qui touche les droits pécuniaires de la femme mariée. Ils ont
cru trouver la solution du problème dans la reconnais-
sance de la personnalité juridique de la femme, et dans
la séparation absolue de ses intérêts d'avec ceux de son
mari.

### III. — ALLEMAGNE

L'Allemagne présente à l'heure actuelle une très
grande variété de législations en ce qui concerne le régime matrimonial. On ne compte pas moins d'une cen-
taine de régimes différents dans les diverses parties de
l'empire. Mais l'unification est à la veille de se réaliser ;
elle sera chose faite en 1900, lorsqu'entrera en vigueur
le nouveau Code civil dont il est intéressant d'analyser

les dispositions visant la matière qui nous préoccupe.

Nous rangeons l'Allemagne parmi les pays de sépa-
tion de biens malgré la dénomination donnée par les auteurs du Code au régime nuptial créé par eux, qui implique une certaine communauté (*Verwaltungsgemein-
schaft*, communauté d'administration). En réalité ce
régime ressemble beaucoup à notre régime exclusif de
communauté. Il est le résultat d'une conception sa-
vante, mais il paraît devoir être d'une application difficile ; des auteurs le présentent comme tiré directement
de l'ancien droit germanique.

Sous ce régime comme sous notre régime de communauté, tous les biens de la femme en principe sont
dotaux : le mari en a l'administration et la jouissance (1)
et doit en affecter les fruits et revenus à l'entretien du
ménage. Toutes les économies qu'il peut réaliser dans
cette administration lui profitent exclusivement et il n'a
aucun compte à en rendre à la femme.

Appliqué avec cette rigueur, le régime, comme notre
régime sans communauté, aurait des conséquences injustes en ce sens qu'il imposerait à la femme une contribution souvent excessive et qu'il la priverait de toute
part aux bénéfices réalisés dans une administration qui
ne lui appartient pas. Aussi la femme peut-elle, en se mariant, se réserver par contrat la jouissance et la disposition d'une partie de ses revenus, si le reste est suffisant,

(1) Code civil allemand, art. 1363.

joint à ceux du mari, pour pourvoir aux charges du mariage (art. 1286).

. Mais, même en l'absence de toute stipulation à cet égard, la loi a d'une part présumé que la femme entendait toujours se réserver l'administration et la jouissance de certaines catégories de biens (*Vorbehaltsgut*), et d'autre part elle a réglé elle-même la capacité de la femme sur ces biens réservés (1). C'est sur ces points que le projet de Code civil allemand offre quelque complication et sera d'une application peut-être difficile en pratique.

Les biens légalement réservés sont assez nombreux (2). Ils comprennent ceux que la femme a acquis par succession, legs ou donations entre vifs si le donateur ou le testateur en a exprimé la volonté ; ceux que la femme a acquis au cours du mariage par acte entre vifs sans l'assentiment ou malgré le refus du mari ; ceux qui sont entrés dans son patrimoine en représentation d'un bien réservé ; enfin, et ceci nous intéresse particulièrement, ceux qui proviennent de son travail ou qu'elle acquiert par l'exercice d'une profession ou d'une industrie séparée.

---

(1) En dehors des biens réservés, la femme conserve un certain droit d'administration sur les biens du ménage. Elle a le droit et l'obligation de conduire le ménage commun (*Schlüsselgewalt*) ; elle représente légalement le mari pour tous les actes qui sont relatifs à cette direction (art. 1356, 1357) ; et le mari ne pourrait pas révoquer librement ce mandat.

(2) Art. 1366, 1377.

Il faut voir maintenant quels sont les droits de la
femme sur les biens ainsi légalement réservés. La réponse est simple : sur ces biens elle est pleinement indépendante ; elle a des droits d'administration, de jouissance et de disposition aussi complets que si elle n'était
pas mariée.

De plus, il y a toute une catégorie de biens qui ne
font pas partie des biens réservés, et sur lesquels cependant la femme conserve son droit d'administration et
de jouissance : ce sont tous les objets servant à l'usage
personnel de la femme, vêtements, linge, bijoux, etc...

En somme, la prétendue communauté établie par le
Code civil allemand se réduit aux biens non réservés.
Quant aux biens réservés, il y a séparation absolue d'intérêts entre les époux. Et comme la liste en est très compré-
hensive, il arrivera très souvent que la femme n'aura
que des biens réservés. C'est ce qui se produit notamment pour la femme ouvrière, pour celle qui en se mariant n'a pas apporté de biens à son mari, et qui n'a
pour dot que son travail. Pour celle-là, le Code civil
allemand aboutit à une séparation de biens absolue,
conférant à la femme sur les produits de son travail
tous les pouvoirs qui, de droit commun, appartiennent
à la femme mariée.

# CHAPITRE II

## PAYS DE COMMUNAUTÉ

—

Ainsi que nous l'avons déjà dit, il est particulièrement instructif, avant d'aborder l'examen des projets de
réformes auxquels sera consacrée notre troisième partie, d'étudier la situation faite à la femme mariée dans
les pays étrangers qui pratiquent le régime légal de
communauté. Dans ces pays, l'extension des droits de
la femme se heurte en effet fatalement aux mêmes difficultés que dans le nôtre, nous voulons dire au principe de la mise en commun des gains des époux qui
constitue l'essence même du régime de communauté.
Nous verrons les efforts méritoires que le législateur y
a tentés pour greffer sur ce principe des règles de nature à assurer à la femme un droit effectif sur ses bénéfices personnels, et nous pourrons ultérieurement en tirer d'utiles renseignements.

L'étude que nous abordons ainsi nous conduira à
examiner successivement les législations scandinaves,
c'est-à-dire suédoise, danoise et norwégienne, la législation du canton de Genève, et celles de la Belgique et
du Grand-Duché de Luxembourg.

## I. — SUÈDE

Le Code civil suédois de 1734, encore aujourd'hui
en vigueur, établit comme régime de droit commun
entre époux une véritable communauté. La compré-
hension de cette communauté varie suivant le droit des
villes (Stadzlagh) ou le droit des campagnes (Lanz-
lagh) (1), mais elle présente toujours, avant les réformes que nous aurons à signaler, ce caractère essentiel
d'embrasser les gains réalisés par la femme dans l'exercice d'une profession séparée. Sous le régime légal
suédois, le mari, étant d'ailleurs considéré comme chef
de la communauté, comme « l'ayant-droit légal et effectif de sa femme, possédant seul de ce fait les droits
d'administration et de disposition des biens de communauté », avait par là-même la faculté d'administrer les
gains professionnels de l'épouse et d'en disposer (2).

Les dangers résultant, pour la femme laborieuse, de
pouvoirs aussi exorbitants reconnus au mari détermi-
nèrent un mouvement d'opinion qui trouva son écho
dans les œuvres des littérateurs et qui se traduisit par
divers projets de réforme. En 1862 le Riksdag fut saisi
d'une proposition tendant à protéger les intérêts pécu-

(1) Gide et Esmein, *Condition privée de la femme*, p. 228.
(2) *Revue de Dr. Internat.*, t. XV, p. 54. — *Ann. de législ. étrang.*,
1874, p. 566; 1880, p. 533; 1889, p. 821.

niaires des femmes mariées dans les classes ouvrières.
L'association pour le droit de propriété des femmes
accentua la campagne ainsi ouverte et finalement
MM. Nordenfelt et Philipson renouvelèrent la proposition de 1862 qui aboutit à la loi du 11 décembre 1874.

Cette loi restreint notablement les prérogatives reconnues au mari comme chef de communauté et reconnaît à la femme le droit de disposer de certains biens
et notamment « de ce qu'elle a pu acquérir par son tra-
travail propre ».

Mais à y regarder de près, la réforme suédoise de
1874 ne donne pas à la femme mariée toutes les garanties qu'on semblerait pouvoir attendre d'une pareille
disposition.

D'une part, en effet, l'extension des droits de la
femme n'est pas, à vrai dire, incorporée dans le régime
légal des biens entre époux. Ce n'est pas *de plano* que
la femme obtient la faculté de disposer de ses gains
professionnels, telle qu'elle lui a été reconnue par le
législateur de 1874. Pour qu'elle lui soit acquise, une
stipulation lui est nécessaire. En d'autres termes, la
femme jouit seulement, sous la nouvelle législation, de
la possibilité de se réserver par une clause spéciale la
libre administration et la disposition de certains de ses
biens, et notamment des gains réalisés par elle dans
l'exercice d'une industrie séparée. C'est donc quelque
chose d'analogue à notre séparation de biens contractuelle, supposant par suite nécessairement que les

époux auront réglé, par un contrat préalable, les conditions pécuniaires de leur union.

D'autre part, la loi suédoise de 1874 permet seulement à la femme de toucher le produit de son travail et d'en disposer immédiatement. Si elle réalise des acquisitions avec ses gains, le résultat de son épargne tombe dans l'actif de la communauté et reste dès lors soumis aux droits d'administration et de disposition qui appartiennent au mari sur les biens communs.

Cette double remarque montre avec quelle timidité a procédé le législateur suédois dans la voie d'émancipation où le parti féministe avait voulu l'engager. M. d'Olivecrona, qui a jugé sévèrement le caractère plutôt hésitant de cette réforme, a déclaré que « dans « la rédaction actuelle de la loi, les avantages visés « pour la femme mariée sont, en réalité, à peu près « nuls, en bien des cas même parfaitement illusoires ».

## II. — DANEMARK

Actuellement, le Danemark reste encore soumis au Code de Christian V, le *Danske lov*, qui remonte au 15 avril 1683 et reconnaît en principe aux époux le droit de régler librement par un contrat (1) leurs rap-

(1) Le contrat de mariage en Danemark est d'ailleurs entouré de diverses formalités de publicité qui ne sont pas sans présenter quel-

ports pécuniaires. En dehors de cette liberté, le régime légal des biens entre époux, qui n'est pas d'ailleurs sans avoir subi certaines modifications depuis le XVII<sup>e</sup> siècle, reste toujours essentiellement un régime de communauté.

Avant les réformes auxquelles nous allons faire allusion, ce régime restait en principe soumis à des règles analogues à celles de notre Code, et susceptible dans son application des mêmes abus que ce dernier. Ces abus s'aggravaient même de l'incapacité spéciale qui frappe la femme danoise. Celle-ci reste, en effet, toujours en tutelle; jeune fille, elle reste soumise à la tutelle de la famille; mariée, elle tombe sous celle du mari. La séparation judiciaire à laquelle elle peut recourir lorsque le mari met en péril sa fortune ou celle du ménage ne lui rend donc pas, comme chez nous, la libre administration et la jouissance personnelle de ses biens. Sa fortune est alors confiée au tuteur du mari si celui-ci est mineur, et, dans le cas contraire, à un tuteur nommé par justice.

Cette situation explique suffisamment qu'en 1880 une pétition, signée par près de trois mille femmes, ait sollicité l'intervention du législateur dans le sens d'une extension des droits de la femme mariée. M. Frédéric Bajer, député, prit l'initiative d'un projet destiné à sa-

ques difficultés. C'est ainsi que le contrat doit être confirmé par les délégués de l'autorité royale et lu publiquement.

tisfaire ces réclamations, et le 7 mai 1880 fut promul-
guée une « loi sur la capacité des femmes mariées de
disposer du produit de leur industrie personnelle » (1).

L'Article 1er de cette loi est ainsi conçu : « La femme
« mariée a le droit de disposer seule et sans le consen-
« tement de son mari, ni d'aucun autre tuteur des pro-
« duits de son industrie personnelle lorsque cette indus-
« trie n'est point alimentée ou entretenue en majeure
« partie des deniers du mari et de la communauté, ainsi
« que tous les objets qui sont prouvés avoir été acquis
« par l'exercice de cette industrie. Les dettes du mari
« ne peuvent être exécutées sur ces biens pendant la
« vie de la femme, à moins que celle-ci n'ait consenti
« l'obligation. »

D'après l'article 2, les droits concédés à la femme sur
les produits de son travail ne peuvent disparaître que
par l'interdiction de la femme : en pareil cas celle-ci est
mise en tutelle quant aux biens dont l'article 1er lui
donnait le droit de disposer.

Par ces nouvelles règles, la loi danoise, sans changer
de front le régime des biens entre époux, établit pour
la femme mariée, comme on l'a dit « une espèce de ré-
paration de biens en ce qui concerne ses biens et le
produit de son industrie » (2). Elle permet à la femme

(1) *Annuaire de législ. comp.*, 1880, p. 533.
(2) Bridel, le Droit de la femme mariée sur le produit de son travail. (*Revue critique*, 1893, p. 214).

mariée de se créer par son travail un véritable pécule
sur lequel elle aura un libre droit d'administration et
de disposition. Elle la relève même, dans une certaine
mesure, de l'incapacité générale dont la frappe la loi et
à laquelle nous faisions plus haut allusion, puisque l'intervention d'un tuteur n'est pas exigée pour l'exercice
des droit qui lui sont reconnus sur ses gains personnels
et qu'elle est ainsi à cet égard plus libéralement traitée
que la femme non mariée elle-même.

De plus, à la différence de la législation suédoise, la
loi danoise ne restreint pas les pouvoirs de la femme
mariée aux produits eux-mêmes de son industrie. Elle
précise, au contraire, que ces pouvoirs s'étendent « à
tous les objets qui sont prouvés avoir été acquis par
l'exercice de cette industrie » et donne ainsi à la femme
une garantie précieuse en lui assurant le fruit de son
épargne.

Par contre, la législation de 1880 apporte à la liberté
pour la femme de se constituer un pécule une restriction qui en atténue singulièrement la portée. La femme
ne pourra, en effet, se constituer ce pécule que si son
industrie, à laquelle il est dû, n'est alimentée ni par les
deniers du mari, ni même, ce qui est plus grave, par
*les deniers de communauté*. Nous disons que, sous
une apparence modeste, c'est là une restriction des
plus graves qui diminue sensiblement la sphère d'application de la loi danoise. En effet, le régime légal de
communauté dans le Danemark s'analyse, à peu de

chose près, en une communauté universelle comprenant
tous les biens présents et futurs des deux époux. On
peut alors se demander ce que devient en pratique le
droit, si étendu en apparence, que la loi de 1874 reconnaît à la femme. L'industrie de cette dernière au cours
du mariage sera, par la force même des choses, toujours alimentée par l'actif commun, et ses produits
échapperont dès lors nécessairement à l'application du
principe initial posé par la loi. Seul le travail manuel
de la femme pourra devenir par elle la source pratique
d'un pécule distinct.

Dans quelle mesure ce pécule sera-t-il distinct? C'est
là un point capital sur lequel le texte de l'article premier
de la loi n'a peut-être pas toute la netteté désirable. Ce
qui est certain, c'est que pendant la durée du mariage,
les gains professionnels de l'épouse sont soustraits aux
pouvoirs du mari, aux effets de ses engagements, et que
la femme exerce, en ce qui les concerne, les mêmes
droits qui appartiennent au mari sur les biens de communauté.

Mais à la dissolution du mariage la distinction sub-
siste-t-elle, ou au contraire ces gains font-ils retour à la
communauté? A cet égard, le texte se borne à dire que
les dettes du mari ne peuvent être exécutées sur le produit de la femme que pendant la *vie de cette dernière*.

Par *a contrario* il faut en conclure évidemment que
le décès de la femme met fin à la distraction faite à
son profit des biens constituant le produit de son tra-

vail. Et il semble dès lors logique d'admettre qu'à la dissolution du mariage ces biens feront retour à la communauté.

La conception du législateur danois apparaît alors plus nettement. Ce qu'il a voulu, c'est sans doute établir au profit de la femme une sorte de séparation de biens quant au produit de son industrie personnelle; mais il a voulu restreindre à la seule durée du mariage les effets de cette séparation. Il ne s'est pas préoccupé, en d'autres termes, de faire définitivement sortir de la communauté les gains professionnels de l'épouse, et son œuvre apparaît ainsi comme plus conservatrice qu'elle ne peut sembler à première vue.

### III. — NORWÈGE

La Norwège est soumise comme le Danemark au Code de Christian V de 1683 auquel nous avons fait allusion plus haut. Momentanément réunie au Danemark au XVIe siècle, la Norwège se vit en effet appliquer ce Code par une décision du 13 août 1687. Le régime légal s'analyse donc aussi, pour ce pays, en un régime de communauté.

Mais une loi du 29 juin 1888 (1) est venue modifier le régime des biens entre époux.

(1) *Ann. de législ. étrang.*, 1888, p. 762.

L'article 1er de cette loi proclame le principe français de la liberté des conventions matrimoniales, en n'y apportant d'autres exceptions que celles commandées par l'ordre public ou les bonnes mœurs ; en sorte que les époux peuvent stipuler une véritable et complète séparation de leurs intérêts pécuniaires.

L'article 11 porte expressément que « la femme mariée a la même capacité que la femme non mariée » ; il y a donc, entre les deux, identité de situation au point de vue de l'exercice des droits sur les biens.

Le régime légal reste cependant en Norwège un régime de communauté. La communauté est même en principe universelle et comprend tous les biens meubles et immeubles des époux ; elle est administrée par le mari seul, mais les pouvoirs de ce dernier sur les biens communs sont bien moins étendus qu'en droit français.

C'est ainsi qu'il ne peut, « sans le consentement de la femme, aliéner plus d'un dixième à titre gratuit ». C'est ainsi encore que le consentement de la femme est nécessaire pour toutes les conventions par lesquelles le mari stipule, aux dépens de la communauté, des aliments pour lui ou pour sa femme, ou par lesquelles il renonce à des aliments stipulés au profit de sa femme.

C'est ainsi, enfin, que pour les biens situés à la campagne, « le mari ne peut, sans le consentement de la femme, donner, aliéner, engager ces biens » (art. 14).

Quant aux biens propres des époux, chacun d'eux

conserve le droit de les administrer, « à moins que
l'administration n'en ait été attribuée par disposition ou
convention spéciale à l'autorité titulaire ou à quelque
autre » (art. 14, 19 de la loi).

La loi norwégienne autorise d'ailleurs la femme à
engager la communauté par les obligations qu'elle contracte dans l'intérêt du ménage.

Enfin, d'après l'article 31, « la femme a le droit,
même lorsqu'il y a communauté et que, par suite, les
produits de son industrie personnelle sont biens communs, de disposer exclusivement de ce qu'elle gagne
par cette industrie, ainsi que de toutes acquisitions qui
sont prouvées provenir de ses gains. Ces biens sont
soustraits, du vivant de la femme, à l'exécution des dettes
contractées par le mari sans son consentement exprès.
Ces dispositions sont sans application aux produits des
industries qui exigent un capital considérable, quand
ce capital a été, pour le tout ou en majeure partie,
constitué pour le compte du mari. »

Ainsi qu'on peut s'en rendre compte par l'analyse
succincte que nous venons d'en donner, la dernière législation norwégienne se caractérise d'abord, au point
de vue de la composition de l'actif commun, par l'abandon de la distinction traditionnelle et vieillie entre les
meubles et les immeubles, par une restriction des pouvoirs du mari comme chef de communauté, et enfin par
le désir d'assurer à la femme une meilleure situation et
de plus sérieuses garanties.

A ce dernier point de vue, il n'est pas sans intérêt
de rapprocher l'article 31 de la loi norwégienne de
1888, qui nous intéresse plus particulièrement, de l'article 1er de la loi danoise du 7 mai 1880.

Les deux dispositions se touchent d'assez près et
l'esprit qui les a inspirées est évidemment le même.
L'une et l'autre laissent tomber en communauté les profits personnels de la femme comme ceux du mari ; mais
dans l'une et dans l'autre ces mêmes profits, en ce qui
concerne la femme et les acquisitions réalisées par elle
avec ces profits, sont soustraits aux droits d'administration et disposition du mari sur les biens communs. Ici
comme là, on voit donc rendues à la femme la gestion
et la libre disposition de la partie des biens communs,
provenant de son travail personnel.

Mais une différence assez sensible sépare les deux
législations quant à la restriction qu'elles apportent aux
droits de la femme. La loi danoise, avons-nous vu, ne
donne à la femme le droit de disposer de son industrie
personnelle, que si cette industrie n'est point entretenue
ni alimentée en majeure partie des deniers du mari ou
de la communauté. La loi norwégienne de 1888, elle,
n'apporte une restriction de même nature aux pouvoirs
de la femme que pour les « produits des industries qui
exigent un capital considérable, quand ce capital a été
pour le tout ou en majeure partie constitué pour le
compte du mari ». On voit toute la différence : La femme mariée en Danemark ne pourra pratiquement se

constituer un pécule séparé que si son industrie ne
nécessite l'emploi d'aucun capital. Celle mariée en Norwège pourra au contraire bénéficier de la réforme de
1888, toutes les fois qu'elle exercera un commerce modeste ne nécessitant que des capitaux restreints, et cela
quand bien même ces capitaux auraient été uniquement
prélevés sur l'actif commun.

A ce point de vue, il est incontestable que sous l'apparence d'une simple différence de détail, la législation
norwégienne se distingue assez notablement de la
législation danoise, et se présente finalement comme
plus libérale et favorable que cette dernière à la
femme mariée.

### IV. — CANTON DE GENÈVE

Nous ne ferons pas l'exposé de la législation matri-
moniale de tous les cantons suisses, à cause de l'extrême variété des régimes légaux qui y sont pratiqués.
La plupart suivent, sous le nom d'union de biens, un régime semblable à notre régime exclusif de communauté,
mais avec des variantes très marquées, en ce qui concerne notamment les garanties données à la femme en
présence du droit de jouissance reconnu au mari.

Nous nous bornerons à étudier la législation du canton de Genève, et cela pour deux raisons : d'abord
parce que, en ce qui touche au régime matrimonial, la

loi de ce canton n'est autre que celle de notre Code civil ; ensuite parce que ce canton, sans toucher en principe à son régime légal, a modifié récemment dans une
mesure considérable les droits de la femme mariée sur
les produits de son travail. Cette réforme présente ainsi
pour nous un intérêt tout particulier qui justifie une
étude spéciale de la législation genevoise.

Nous avons dit que le canton de Genève suit, sur le
point qui nous occupe, les dispositions du Code civil.
Le régime légal y est, comme chez nous, celui de communauté. Par suite, avant les réformes que nous aurons à étudier, la femme mariée n'avait, sur ses gains
personnels, pas plus de droits que la femme mariée
française. Et là comme chez nous, cette rigueur injus-
tifiée avait suscité de vives critiques plus ardentes encore et procédant d'un mouvement nettement féministe
tendant à établir au point de vue civil et politique l'égalité des sexes.

Le mouvement de réforme prit corps pour la première fois dans une pétition adressée le 7 février 1893
au Conseil par « l'Association genevoise pour la réforme de la condition légale de la femme ». La pétition
réclamait l'égalité complète des deux époux dans la direction du ménage.

Le Conseil d'État choisit dans son sein une commission chargée d'étudier les réformes pratiquement réali-
sables. Cette commission désigna comme rapporteur
M. Didier dont le remarquable travail fut soumis au bu-

reau du Grand Conseil le 23 mai 1894 (1). Après avoir
exposé les vices de la législation en vigueur, ce rapport concluait que le remède à cet état de choses serait
dans une modification complète de la loi sur le régime
matrimonial, « notamment dans l'abrogation de la communauté comme régime légal ».

Le Grand Conseil, favorable en général à la réforme,
renvoya le projet à l'étude d'une commission qui le ré-
duisit sensiblement ; puis, après une intéressante discussion, il l'adopta ainsi réduit et en fit la loi du 7 novembre 1894, que nous devons étudier.

Dans son article premier, la loi genevoise règle ainsi
qu'il suit les droits nouveaux reconnus à la femme
mariée : « La femme mariée aura sur le produit de son
travail personnel, pendant le mariage, et sur les acquisitions provenant de ses gains, les mêmes droits que la
femme séparée de biens. Ces droits ne s'étendent pas
aux bénéfices résultant d'un activité exercée en commun
par les deux époux. »

Ainsi la loi conserve comme régime légal celui de
communauté ; elle se borne à donner à la femme, sans
distinguer le régime sous lequel elle est mariée, un
droit personnel sur les produits de son travail.

Quelle est exactement la nature de ce droit ? Les termes employés sur ce point sont assez obscurs et prêtent

---

(1) Ce rapport figure dans le Mémorial des séances du Grand Conseil du canton de Genève, 1893. Annexes, p. 181.

à discussion. La loi dit que l'épouse aura « les mêmes droits que la femme séparée de biens ». Mais veut-elle dire par là que toute femme conserve la propriété de ses gains, de la même manière que la femme séparée reste propriétaire de tous ses biens? Ou entend-t-elle que la femme aura seulement, sur ses gains et les acquisitions qui en proviennent, les droits d'administration appartenant à la femme séparée de biens? Il semble, d'après l'article 4 qui complète l'article 1er, que la première opinion soit la vraie, car d'une part il désigne les gains de la femme sous le nom de « biens personnels », ce qui laisse supposer que la femme est devenue propriétaire ; et d'autre part il ajoute qu'à la dissolution de la communauté la femme acceptante devra les « rapporter » à la masse commune. Si la femme doit rapporter ces biens, tout comme un héritier qui a reçu un bien entre-vifs doit le rapporter à la masse successorale, c'est que ces biens sont sortis de la masse commune à partager et qu'ils sont devenus la propriété de la femme.

Il n'est pas douteux, cependant, que cette interprétation n'est pas celle qu'il faut donner à la loi dont les termes sont seulement impropres. Ses auteurs n'ont voulu donner à la femme mariée que des droits d'administration et non de propriété. C'est ce qui résulte de l'article 2 d'après lequel les biens provenant des gains de la femme répondent des dettes du mari contractées dans l'intérêt du ménage ou de l'éducation des enfants.

Pour qu'il en soit ainsi, il faut nécessairement que ces biens fassent partie de l'actif commun.

C'est là d'ailleurs l'interprétation donnée par les promoteurs de la loi. L'un des principaux, M. Bridel, dit : « Il s'agit essentiellement d'une administration séparée des gains ; quant à la propriété des dits gains, la séparation n'est pas absolue, puisque le rapport à la communauté en est prévu par l'article 4 de la loi (1). »

Ainsi donc, sur ses gains personnels, la femme genevoise a un droit de libre administration, tout comme si elle était séparée de biens. Ce droit est le même que celui reconnu à la femme séparée française par l'article 1449 du Code civil, avec cette différence que la jurisprudence genevoise interprète cet article plus largement que la nôtre.

Les droits de la femme ainsi réglés, il restait une question importante à résoudre : de quelles dettes répondent les biens acquis au moyen des gains personnels de la femme ? Le législateur genevois a distingué ici entre les dettes contractées par chacun des époux.

Les dettes contractées par les deux époux conjointement ou par la femme autorisée du mari peuvent, conformément au droit commun, être poursuivies sur tout

_____

(1) *La Tribune de Genève* du 10 fév. 1895. — Voir Bufnoir, Communication sur la loi genevoise du 7 nov. 1894, dans le *Bulletin de la Soc. de Législ. comparée* de février 1896.

le patrimoine commun, notamment sur les biens provenant du travail de la femme.

Les dettes contractées par la femme seule, sans l'autorisation du mari, peuvent être poursuivies sur les biens qui proviennent du travail personnel de la femme (art. 2). Les auteurs de la loi ont voulu par là prévoir une fraude possible, Ils n'ont pas voulu que la femme, après s'être constitué par son travail une sorte de pécule et après avoir contracté des dettes hors de proportion avec ses besoins personnels, pût se dispenser de les payer sous le prétexte qu'elles avaient été faites sans l'autorisation du mari (1). L'intention du législateur est évidemment fort louable. Mais il n'est pas moins certain que la disposition de l'article 2 contredit indirectement celle de l'article 1er. Celui-ci nous a dit que sur les biens acquis au moyen de ses gains personnels, la femme aurait les droits de la femme séparée de biens. Or, celle-ci n'a pas le droit d'aliéner ses immeubles, et quant à ses meubles, si elle peut en disposer sans autorisation, il lui interdit de s'obliger sur eux pour les dettes qui excèdent ses droits d'administration. L'article 2 donne cependant à toute femme mariée la faculté de s'obliger sur ces biens et de les aliéner indirectement en contractant des dettes personnelles. Il faut donc reconnaître que le législateur genevois est allé plus loin que l'article 1er de la loi ne le

(1) Mémoire du Grand Conseil, 1894, p. 1367, 2e débat.

laissait supposer, et qu'il a en réalité donné à la femme,
sur ses gains personnels, des droits qui excèdent ceux
de la femme séparée de biens.

Quant aux dettes contractées par le mari seul, la loi
genevoise distingue. Celles que le mari a faites dans
l'intérêt du ménage et pour l'éducation des enfants
peuvent être poursuivies sur tous les biens communs, y
compris ceux qui sont produits par le travail de la
femme. Rien n'est plus juste, puisque ces dettes ont été
contractées dans l'intérêt commun. Encore faut-il observer que les créanciers doivent poursuivre leur paiement en premier lieu sur les biens personnels du mari
et sur ceux de la communauté qui se trouvent entre ses
mains ; ils ne peuvent toucher au pécule de la femme
qu'à défaut des précédents (art. 2).

Au contraire, les dettes que le mari a contractées
dans son intérêt exclusif ne peuvent jamais être
payées sur les biens provenant du travail de la femme.
Ici encore l'intention du législateur est fort louable,
mais on peut se demander s'il n'a pas porté par cette
disposition une atteinte très grave au crédit du mari.
Les tiers qui contractent avec lui ne sauront pas toujours si le mari a contracté, dans l'intérêt du ménage
ou dans son intérêt personnel ; ils pourront être trom-
pés par un concert frauduleux des époux. Là se trouve
la partie délicate de la réforme.

Pour remédier à cet inconvénient, la loi du canton de
Genève a mis à la charge de la femme, en conflit avec

les créanciers du mari, la preuve que les biens pour-
suivis par ceux-ci proviennent de son travail personnel.
La loi lui facilite d'ailleurs cette preuve en lui permettant de recourir dans tous les cas à la preuve testimo-
niale et en lui donnant la faculté d'agir en justice sans
autorisation (art. 3).

Pour assurer l'observation des règles posées par la
loi, le législateur a donné à ses dispositions un caractère d'ordre public, et n'a pas permis d'y déroger par
contrat de mariage.

Tels sont, pendant la durée de l'union, les droits respectifs des deux époux sur les produits du travail de
la femme. Mais que va-t-il se passer à la dissolution
du mariage ?

C'est ici que le régime établi par la loi genevoise
reprend franchement son caractère de régime de communauté, qui pouvait paraître quelque peu obscurci au
cours de l'union. « A la dissolution du mariage, dit
l'article 4, le mari ou ses héritiers pourront exiger que
les biens personnels de la femme, acquis conformément
à l'article 1er de la présente loi, soient rapportés à la
communauté. Si la femme ou ses héritiers renoncent à
la communauté, ils ne seront pas soumis à cette obligation. »

Ainsi, à la dissolution du mariage, reparaît avec
toute sa force le principe du régime de communauté, à
à savoir la constitution d'un patrimoine commun comprenant tous les acquêts réalisés par les époux et destiné

à être partagé entre eux. Mais ici encore la loi genevoise a donné à la femme une nouvelle protection : la
femme qui renonce à la communauté devrait, dans la
pure application du régime, rapporter ses gains personnels sans en pouvoir rien conserver ; la loi de Genève
lui donne le droit de les garder en toute propriété.

Tel est dans ses grandes lignes le système imaginé
par la loi genevoise, loi qui a été considérée, dès sa
promulgation, comme un grand progrès sur l'état de
choses antérieur, en ce que tout en conservant le régime de communauté comme le régime légal, elle a su
concilier l'intérêt du mari, désigné par la nature pour
être le chef de l'association conjugale, et l'intérêt de la
femme qui ne saurait être privée, par le fait du mariage,
de tout droit aux produits de son travail.

## V. — BELGIQUE ET GRAND-DUCHÉ DE LUXEMBOURG

La Belgique et le Grand-Duché de Luxembourg sont
soumis aux dispositions du Code civil français. Le régime légal des biens entre époux y est donc le régime
de communauté, comportant au profit du mari les pouvoirs d'administration et de disposition qui lui sont
reconnus par les articles 1421 et 1422 du Code civil.
Cependant, sans être arrivés à réaliser au profit de la
femme mariée une extension de ses droits, analogue à
celle que nous avons constatée dans les pays scandi-

naves et dans le canton de Genève, ces deux pays ont
tenté, au point de vue de l'épargne de la femme, une
réforme analogue à celle réalisée en France en 1881,
en 1886 et en 1895. Nous ne pouvons, sous peine de
n'être pas complets, passer ces deux législations sous
silence.

En Belgique cette réforme a été des plus modestes.
Pour les Caisses d'épargne, les règles du Code civil ont
été maintenues dans toute leur rigueur au regard de la
femme, et celle-ci n'a pas encore obtenu le droit d'y
effectuer des versements sans l'autorisation de son mari.
Une loi du 13 mai 1865 lui donne seulement la faculté
de faire des versements à la Caisse des retraites avec
l'autorisation du juge de paix, lorsque le mari refuse de
consentir à ces versements (art. 45).

La même loi autorise bien la femme à toucher plus
tard, sans l'intervention du mari, les arrérages de la
rente viagère qu'elle s'est ainsi acquise ; mais, somme
toute, le législateur belge n'est pas allé aussi loin que
la loi française de 1886, d'après laquelle la femme peut
effectuer des versements à la Caisse des retraites sans
autorisation du mari ni du juge de paix.

Dans le Grand-Duché du Luxembourg, une loi du
14 décembre 1887 (1) a permis à la femme mariée de
déposer librement dans les caisses d'épargne ; la même
loi l'autorise à exiger ensuite le remboursement de ses

_____

(1) Ann. de législ. étrang., 1888, p. 646.

dépôts sauf opposition de la part du mari ; et lorsque
cette opposition se produit, l'article 2 donne au juge de
paix la faculté d'attribuer le montant du livret soit au
mari, soit à la femme qui peut être ainsi autorisée à
retirer des sommes dont son régime matrimonial lui
refuse pourtant l'administration et la jouissance.

## TROISIÈME PARTIE

# PROJETS DE RÉFORME

—

Il nous reste, pour compléter l'étude des données du problème auquel est consacré ce travail, à examiner les projets qui ont été proposés en France en vue d'accroître les droits reconnus à la femme sur les produits de son travail. Parmi ces projets, les uns sont l'œuvre du parti féministe, les autres émanent des représentants les plus autorisés de la doctrine, d'autres enfin ont vu le jour au sein de nos Assemblées Législatives.

## I

### PROJETS FÉMINISTES

—

Le mouvement féministe, auquel nous faisions allusion au début de ce travail, ne pouvait manquer de se traduire par des revendications précises dans le domaine des questions qui nous préoccupent ici. Ses manifestations à cet égard sont pourtant de date relati-

vement récente et ce n'est guère que dans ces dernières années qu'on voit les partisans de l'émancipation
de la femme aborder pratiquement les réformes visant
ses droits sur le produit de son travail. Ceux mêmes
qui peuvent être considérés comme les chefs véritables
du parti féministe, Secretan (1), Stuart Mill (2) se sont
donné pour tâche de critiquer l'autorité maritale et
l'incapacité de la femme dans leur principe, de proclamer l'égalité des sexes. Mais il ne faudrait pas chercher dans leurs œuvres l'indication du remède pratique
aux conséquences regrettables de tel ou tel régime
matrimonial.

Mme d'Héricourt elle-même, en faisant œuvre de po-
lémique contre le Code civil, en lui reprochant de donner au mari le pouvoir de disposer des gains personnels
de la femme pour « payer ses dettes » et « se livrer à
tous les désordres » (3), ne tire pas de ses critiques
acerbes une conclusion pratique sérieuse.

Depuis quelques années au contraire, les partisans du
féminisme, abandonnant le parti-pris des programmes
théoriques d'émancipation, ont cherché à populariser
dans les esprits des projets de réformes moins tapa-
geuses et plus pratiques. C'est ainsi que récemment
une association féministe, l'*Avant-Courrière*, après
avoir revendiqué pour la femme le droit de figurer

(1) La femme et le droit (*Revue philosophique* de 1885).
(2) L'assujettissement des femmes.
(3) *La femme affranchie*, VI, p. 72.

à titre de témoin dans les actes publics et privés (1),
s'est préoccupée de réaliser dans le domaine du droit
civil l'extension désirée des droits de la femme.

M^me Schmahl, le promoteur de l'*Avant-Courrière*,
dont les publications ont attiré l'attention des jurisconsultes, a franchement déclarée nécessaire l'intervention
du législateur pour arriver d'abord à l'amélioration du
sort de la femme et pour obtenir plus tard son affranchissement définitif. Partant de cette idée, l'association
a été amenée à rechercher le moyen pratique d'étendre
les droits de la femme sur les produits de son travail.
La campagne entreprise sur ce point a pour objet de
donner à la femme le droit de percevoir seule les produits de son travail et d'en disposer librement; elle
s'est traduite par une pétition publiée en 1894 et rédi-
gée sous la forme d'une proposition de loi par M^lle Jeanne
Chauvin, docteur en droit.

Cette proposition porte que « la femme mariée a
« seule le droit, sans l'autorisation du mari ni de jus-
« tice, de toucher le produit de son travail et de son
« industrie personnelle, et d'en disposer à titre gratuit
« et onéreux lorsque cette industrie n'est pas alimentée
« ou entretenue en majeure partie des deniers du mari
« ou de communauté ».

----

(1) Sur ce point les revendications féministes ont obtenu satisfaction par la loi du 7 décembre 1897 ayant pour objet d'accorder aux
femmes le droit d'être témoins dans les actes de l'état civil et les actes
instrumentaires en général

Ce texte est largement inspiré de l'article 1<sup>er</sup> de la loi danoise du 7 mai 1880 ; il en est même une copie textuelle dans sa disposition finale qui refuse à la femme la libre disposition des produits de son industrie, lorsque cette dernière est alimentée ou entretenue en majeure partie des deniers du mari ou de la communauté.

La réforme ainsi proposée était sans conteste inspirée du désir de bouleverser le régime légal et tendait à substituer à la communauté une séparation de biens contractuelle en ce qui touche les salaires de la femme. Cette tendance s'est en effet plus nettement affirmée au Congrès féministe tenu en 1896 à Paris, où a été émis un vœu tendant à l'établissement d'une séparation légale de biens entre époux, relativement aux produits de leur industrie personnelle.

Les principes invoqués pour justifier ces propositions de réforme radicale sont, on le devine, ceux-là même dont se prévaut le parti féministe : c'est l'égalité des sexes appuyée du principe de la liberté individuelle ; c'est le droit naturel, pour tout être humain qui travaille, de bénéficier du produit de son activité. Et partant de cette idée, on a tôt fait de montrer les iniquités auxquelles peut aboutir dans certains cas l'application de notre régime légal de communauté ; la femme obligée de gagner péniblement sa subsistance et celle de ses enfants parce que le mari reste oublieux de ses devoirs ; et ce même mari faisant cependant main basse sur ce qu'il trouve à la maison, vendant tout ou partie

des effets mobiliers qui garnissent le logis, « la machine
« à coudre que sa femme avait achetée et qui lui sert
« de gagne-pain » (1). En un mot « pour la femme
« une situation légale qui, dans certains cas, ne vaut
« guère mieux que l'esclavage » (2).

On ajoute que cette situation est d'autant plus mons-
trueuse que le législateur n'a pas même osé la créer
pour les enfants. L'article 387 du Code civil refuse en
effet au père le droit de jouir des biens que ses enfants
peuvent acquérir par un travail ou une industrie séparée ; de sorte que, par une exception injustifiable, la
femme reste soumise dans la famille à une véritable
tyrannie devant laquelle le législateur a reculé lorsqu'il
délimita les droits résultant pour le père de la puissance
paternelle.

Certes, nous n'avons jamais songé à méconnaître les
conséquences regrettables auxquelles peut aboutir dans
son application notre régime légal ni les dangers auxquels il expose la femme mal mariée qui doit chercher
dans sa seule activité le moyen d'assurer l'existence de
la famille. Sur ce terrain, les critiques féministes se
rencontreront toujours aisément avec les esprits im-
partiaux. Mais le remède qu'ils veulent apporter au
mal ne va-t-il pas au-delà de ce qui est nécessaire ? Là
est vraiment toute la question ; et la réforme proposée

(1) Bridel, *Revue crit.*, 1893, p. 210.
(2) Bridel, loc. cit., p. 209.

par M^lle^ Chauvin nous paraît à cet égard grosse de dangers et un peu en désaccord avec la logique.

Elle aboutit d'abord, comme nous le disions précédemment, à bouleverser notre régime légal et, sous une apparence discrète, à substituer à la communauté une véritable séparation de biens. Qu'on n'objecte pas que cette séparation demeurerait restreinte aux seuls salaires de la femme ! Quand une femme se marie sans régler au préalable les conditions civiles de son union, c'est qu'elle n'a pas de patrimoine à se réserver en propre. Les profits de son travail constituent donc le plus clair de ce qui pourra par elle tomber en communauté ; et dès lors proclamer qu'elle sera en fait séparée de biens quant à ces profits, c'est enlever à la communauté toute sa raison d'être et toute sa portée d'application au regard de la femme.

Mais il y a plus ; la proposition de loi de l'*Avant-Courrière* organise, sous une apparence d'équité, le régime le moins équitable qui se puisse concevoir. Elle n'établit pas entre le mari et la femme l'égalité de traitement à laquelle elle prétend arriver. En effet, dans le régime qu'elle crée, les gains de la femme restent bien personnels à celle-ci ; mais la proposition est muette sur le sort des salaires et profits acquis par le mari à raison de son propre travail ; ces émoluments resteraient donc soumis aux règles de notre régime légal et continueraient à tomber dans l'actif commun. A la dissolution du mariage, la femme recueillerait donc la moitié des économies réalisées par le mari sur ses gains personnels, et celui-ci resterait au contraire sans droit sur les économies réalisées par la femme au moyen des bénéfices de son propre travail. Sous prétexte d'égalité on arriverait ainsi à créer au profit de la femme mariée un privilège exorbitant et à organiser la plus révoltante iniquité à l'encontre des maris rangés et soucieux de leurs devoirs. On ne supprimerait pas l'inégalité, on en renverserait la rigueur, puisqu'on ne sauvegarderait l'intérêt de la femme qu'en imposant au mari le sacrifice le moins justifié de ses intérêts et de ses droits.

En réalité, comme le dit très-justement M. Cauwès (1), « l'égalité du traitement implique une séparation au « profit du mari », et si on voulait rester logique dans la voie où la proposition de M^{lle} Chauvin engagerait le législateur, c'est au regard des deux époux qu'il faudrait organiser une séparation de biens relative aux salaires.

Mais alors, comme nous l'avons observé, ces salaires constituant en fait le plus clair de l'actif commun pour les époux mariés sans contrat, c'est un véritable changement de front qui en résulterait dans le régime des biens entre époux. Ce serait la substitution de la séparation de biens au régime légal de la communauté.

---

(1) *De la protection des intérêts économiques de la femme mariée*, p. 5.

Cette conséquence dernière, à laquelle conduit ainsi fatalement la conception féministe, donne au projet un caractère particulier de gravité, et nous aurons à apprécier plus loin s'il est ou non désirable de voir cette innovation s'introduire dans notre législation.

## II

### PROPOSITION JOURDAN

—

Les jurisconsultes, les philanthropes et le législateur lui-même n'avaient cependant pas attendu les manifestes et les revendications des congrès féministes pour se préoccuper de protéger plus efficacement la femme mariée. Dès 1886, dans une remarquable étude sur le *Code civil et la question ouvrière*, M. Glasson appelait l'attention du législateur sur la situation faite à la femme de l'ouvrier au point de vue de ses intérêts pécuniaires ; après avoir montré les dangers auxquels la laisse exposée notre régime de communauté légale, après avoir constaté que la législation du Code civil protège très efficacement la femme lorsque le ménage possède une certaine fortune, mais qu'elle n'est pas faite pour les femmes de la classe ouvrière délaissées par leurs maris, il écrivait : « Ne conviendrait-il pas d'éta-« blir au profit de ces malheureuses femmes une jus-« tice rapide et une procédure simple qui leur permet-« traient ou bien de pratiquer entre les mains du « patron une sorte de saisie-arrêt sur une partie du

« salaire de leur mari, ou tout au moins de conserver
« pour elles-mêmes dans certaines circonstances l'inté-
« gralité du produit de leur travail. On parle trop à
« l'ouvrier de ses droits, on oublie de lui rappeler ses
« devoirs. Une loi de ce genre lui dirait qu'il a comme
« tous les citoyens, des devoirs à remplir envers sa
« famille et c'est seulement en lui donnant cet esprit
« de famille, en lui faisant comprendre la nécessité de
« l'économie qu'on parviendrait à améliorer sérieuse-
« ment sa condition matérielle et morale (1). »

Ces idées, empreintes de la philosophie la plus éle-
vée et de la philanthropie la mieux comprise, furent
plus tard reprises et formulées en une série d'articles
de loi par MM. Glasson et Jalabert. Elles furent ensuite
adoptées par la « Ligue française pour le relèvement
de la moralité publique » qui s'est donné pour mission
de favoriser toutes les idées généreuses destinées à
relever la dignité de la famille (2). Finalement elles
aboutirent en 1890 à une proposition parlementaire
signée de MM. Louis Jourdan, Dupuy-Dutemps et Montaut (3).

Les auteurs de la proposition soumise à la Chambre
des députés ont emprunté l'exposé des motifs de leur
projet au travail de MM. Glasson et Jalabert, dont ils

(1) *Le Code civil et la question ouvrière*, p. 44.
(2) Voir *Comptes-rendus des travaux de la Ligue*, 1884-87, p. 62
et s. ; 1890, p. 15 et s., 25 et s.
(3) *Journ. offic.*, 1890, Doc. parlement., Chambre, annexe 862.

ne font presque que reproduire le texte. Après avoir
rappelé que la séparation de biens judiciaire constitue
un remède insuffisant qui n'est guère à la portée des
classes laborieuses, ils rappellent l'exemple de l'Angleterre et du Danemark et le progrès partiel réalisé en
France par la loi du 9 avril 1881 sur les Caisses d'é-
pargne. Sans porter une atteinte directe à la puissance
maritale et à la communauté, ils essayent, comme on
l'a dit, de démocratiser le Code civil en établissant, au
profit de la femme malheureuse, une sorte de séparation
de biens partielle exempte de frais et de lenteurs, et
en lui permettant de faire prononcer dans certains cas
contre le mari indigne une sorte de déchéance de l'autorité maritale.

C'est en somme une combinaison du principe de la
séparation de biens et des droits reconnus aux femmes
des militaires et marins par l'avis du Conseil d'État du
11 janvier 1808 et les lois des 11 et 18 avril 1831 sur
les pensions de l'armée de terre et de mer.

Le projet distingue entre le cas d'inconduite du mari
et le cas où ce dernier abandonne sa femme. « Lorsque
« le mari met par son inconduite les intérêts du ménage
« en péril, la femme peut, sans demander la séparation
« de biens, obtenir de la justice le droit de toucher
« elle-même les produits de son travail et d'en disposer
« librement » (art. 1er).

En pareil cas, la demande de la femme est portée au
juge de paix du domicile du mari (art. 2).

Au contraire lorsque la femme est abandonnée, « elle
« peut en outre obtenir du juge de paix l'autorisation
« de saisir-arrêter et de toucher, des salaires ou des
« émoluments du mari, une part en proportion de sa
« charge et du nombre des enfants » (art. 3).

La procédure à laquelle la femme est obligée de
recourir est d'ailleurs simplifiée par le projet.

Un simple billet d'avertissement rédigé par le greffier de la justice de paix convoque le mari et la femme
devant le juge de paix (art. 4). Ils doivent comparaître
en personne sauf le cas d'empêchement (art. 5).

D'après l'art. 6 « la signification du jugement autorisant la femme à toucher une partie des salaires ou émoluments du mari vaut saisie-arrêt quand elle est faite à
la fois au mari et au patron ou débiteur d'émoluments » ;
et l'article 7 reconnaît aux jugements rendus en ces
matières le caractère de décisions essentiellement provisoires et exécutoires nonobstant opposition ou appel.

Enfin la proposition de MM. Jourdan, Dupuy-Dutemps et Montaut s'efforce d'enlever à la procédure
qu'elle organise le caractère onéreux justement repro-
ché à la procédure actuelle de séparation de biens. Le
billet d'avertissement qui convoque les époux devant le
juge de paix doit être rédigé sur papier libre, en la
forme d'une lettre missive recommandée à la poste
(art. 4), et les actes de procédure, jugements et significations sont dispensés des droits de greffe, de timbre
et d'enregistrement (art. 8).

La proposition que nous venons d'analyser réalise un incontestable progrès sur la doctrine du Code.

Tout en donnant à la femme mariée des garanties précieuses, tout en sanctionnant d'une façon énergique le devoir du mari et en comblant ainsi une lacune regrettable de notre législation civile, elle offre l'avantage, précieux à notre avis, de ne pas modifier le régime légal des biens entre époux ; elle laisse en effet intacte la communauté, que les projets féministes sapaient au contraire par la base.

Un autre de ses mérites consiste aussi à graduer la protection qu'elle organise au profit de la femme et à essayer de la proportionner à son malheur : dans le cas supposé le moins grave, c'est-à-dire lorsque le mari compromet les intérêts du ménage par son inconduite, elle donne en effet à la femme le droit de toucher les produits de son travail et d'en disposer ; dans le cas supposé le plus grave au contraire, c'est-à-dire lorsque la femme est abandonnée et reste obligée de subvenir seule aux charges de la famille, elle lui reconnaît le droit de saisir-arrêter et de toucher une part des émoluments du mari.

Mais à d'autres égards cette proposition ne peut, croyons-nous, échapper à la critique.

Le plus grave reproche qu'on puisse lui adresser est assurément qu'elle ne donne pas de plein droit à la femme la faculté de toucher elle-même ses gains professionnels pour en disposer, et qu'elle subordonne pour

elle cette faculté à un recours en justice. Sans doute
les auteurs du projet ont été en cela animés de la meilleure intention ; ils ont pensé qu'il n'était pas sans
danger d'édicter à cet égard une disposition générale,
accordant de plein droit à la femme la libre disposition de son salaire. Une pareille mesure leur a semblé
inutile et même funeste toutes les fois que la conduite
du mari ne donnerait lieu à aucun grief, ne légitime-
rait aucune suspicion.

Ce raisonnement, qui certes renferme une part de
vérité, n'en a pas moins conduit les rédacteurs de la
proposition que nous étudions à un système dont l'efficacité pratique reste à notre sens très douteuse.

Obliger la femme à recourir à la justice pour obtenir
la libre disposition de son salaire n'est-ce point exiger
d'elle une initiative analogue à celle que réclame à
l'heure actuelle la séparation de biens judiciaire ? N'est-
ce pas l'exposer à tous les dangers et inconvénients qui
s'attachent à un acte de suspicion vis-à-vis du mari ?
La femme, en d'autres termes, n'hésitera-t-elle pas à
user d'un remède dont l'application aura pour premier
effet de troubler la paix du ménage ? Et la séparation
de biens spéciale organisée par le projet Jourdan ne
sera-t-elle pas, à ce point de vue, exposée aux critiques
que mérite notre séparation judiciaire actuelle ?

La simplicité et la rapidité de la procédure instituée
par le projet ne sont même pas ici un correctif aussi
efficace qu'on le pourrait croire. Qu'importe que les

lenteurs et les frais soient supprimés pour la femme ?
Elle se heurtera toujours à la mauvaise volonté du
mari. Celui-ci, évidemment, ne se laissera pas dépouiller sans résistance des prérogatives dont la loi l'a in-
vesti. Il compliquera à plaisir les difficultés ; et le reproche que les auteurs de la proposition adressent à
la séparation de biens judiciaire pourra dans bien des
cas être retourné contre la procédure, même simplifiée,
qu'ils imposent à la femme. Ce seront encore pour cette
dernière des démarches, des pertes de temps et d'argent, des interruptions de travail et des délais pendant
lesquels elle restera fatalement exposée à toutes les
privations et aux mauvais traitements du mari. Trop
souvent donc, le remède proposé ne sera qu'un palliatif
insuffisant.

Au surplus et au même point de vue, si la réforme
devait se borner à une simplification de la procédure
imposée à la femme, pourquoi ne pas corriger celle de
la séparation de biens judiciaire proprement dite, en
donnant par exemple au président du tribunal, lorsque
la requête à fin de séparation lui est présentée, la faculté
d'autoriser la femme à toucher seule le produit de son
travail?

Ce n'est pas tout; un autre reproche d'une certaine gravité peut encore être adressé à la proposition
Jourdan. Elle s'efforce d'établir une gradation dans
la protection due à la femme. C'est là incontestablement, comme nous l'avons reconnu, une préoc-

cupation qui ne saurait mériter la critique si on
accepte le point de départ du projet. A s'en tenir à
l'organisation d'une garantie judiciaire en faveur de la
femme, on ne saurait assurément mieux faire que de
proportionner la dose du remède à la gravité du mal.
Mais la gradation établie par le projet n'est pas aussi
recommandable qu'elle le paraît à première vue.

Sans doute la femme abandonnée, ayant dès lors seule
le souci et la charge d'assurer l'existence de ses enfants, apparaît d'abord comme plus digne de pitié et de
protection que celle pour laquelle il n'y a pas encore
rupture de la vie commune. Et cependant, à regarder
au fond des choses, la vie commune ne complique-t-elle
pas, au contraire, le malheur de la femme lorsque cette
dernière ne trouve auprès d'elle qu'un mari adonné à
l'inconduite et à la débauche. La présence au foyer
d'un tel homme ne sera-t-elle pas pire que son absence?
Ne rendra-t-elle pas plus dure encore pour la femme
la lutte pour l'existence? Ne sera-ce pas quelquefois
une bouche de plus à nourrir sur le maigre salaire de
la femme? En tout cas, ce sera toujours pour celle-ci
une volonté prête à tout contrecarrer et à aggraver une
situation déjà si digne de pitié! Et qu'on ne dise pas que
la persistance de la vie commune, la présence du mari
au foyer, imposent à la femme un dernier sacrifice en faveur de l'autorité maritale. L'objection ne porterait que
si cette autorité était convenablement exercée. Or, le
projet que nous critiquons suppose au contraire que le

mari en fait l'usage le plus intolérable, puisque l'article 1<sup>er</sup>, que nous envisageons plus particulièrement, prévoit le cas où c'est l'inconduite du chef de famille qui met en péril les intérêts du ménage.

Cette inconduite nous paraît, à s'en tenir au système organisé par le projet, pouvoir justifier dans certains cas la déchéance de l'autorité maritale, au même titre que l'abandon par le mari du domicile conjugal. Elle devrait permettre à la femme de disputer le salaire de ce mari à la débauche et à l'ivrognerie par le moyen qu'organise l'article 3 de la proposition ; et si c'est au juge qu'on veut donner la possibilité d'étendre les droits de la femme, il vaudrait mieux, croyons-nous, ne pas le lier en établissant une gradation légale de cette extension. Comme le fait justement observer M. Cauwès, cette gradation ne doit pas être cherchée dans les circonstances extérieures, « elle doit dépendre d'un pur point de fait laissé à l'appréciation de la femme d'abord, du juge ensuite, à savoir si l'inconduite du mari est ou non invétérée, s'il y a oui ou non à espérer le retour à une vie réglée (1). »

En résumé la réforme proposée par M. Jourdan et ses collègues, qui ne saurait échapper à certaines critiques de détail, nous semble avant tout pécher dans son principe par l'insuffisance de la garantie qu'elle offre à la femme. Par crainte peut-être de verser dans

(1) Cauwès, op. cit., p. 19.

les exagérations et les erreurs du féminisme, elle se montre trop timide en refusant à la femme un droit direct sur son salaire en dehors de toute intervention de justice. Elle ne lui offre pas une garantie assez efficace contre les abus d'autorité du mari, et elle porte en elle tous les graves dangers et tous les redoutables inconvénients qui résultent pour la femme de la nécessité de demander protection au magistrat.

III

## SYSTÈME PROPOSÉ PAR M. CAUWÈS

—

Le défaut principal que nous avons reconnu à la proposition Jourdan avait été très nettement mis en lu-
mière par M. Cauwès dans sa si remarquable étude sur
« la protection des intérêts économiques de la femme
mariée ». L'éminent professeur à la Faculté de Droit
de Paris a été frappé, lui aussi, de ce que cette proposition secourt la femme déjà victime de l'inconduite ou
de l'abandon du mari, mais ne lui apporte aucun moyen
préventif; il a rappelé la différence regrettable que le
projet laisse subsister à cet égard entre la femme riche
qui, ayant une fortune personnelle, peut se réserver
par contrat de mariage l'administration et la jouissance
de ses biens, et la femme pauvre, la femme de l'ouvrier, qui n'est point assez riche pour faire dresser par
acte notarié un contrat de mariage et ne peut dès lors
prendre aucune précaution relativement au produit de
son travail qui, seul, la fait vivre. Et partant de cette
considération si juste, M. Cauwès s'est efforcé de remédier au défaut signalé, et son système, des plus ingé-

nieux, lui a été suggéré par la loi de 1850 sur la publicité des contrats de mariage.

« En 1850, dit-il (1), on a organisé la publicité des
contrats de mariage au moyen d'une interpellation de
l'officier de l'état civil et d'une mention dans l'acte de
célébration. Ceci a été fait dans l'intérêt des tiers. Pourquoi ne ferait-on pas quelque chose d'analogue dans l'intérêt de la femme ? Avant le prononcé de l'union, sur l'interpellation de l'officier de l'état civil, la femme serait
admise à déclarer si, bien qu'elle n'ait pas fait de contrat, elle veut se réserver de toucher elle-même les
gains de son travail, à charge de contribuer aux charges
du mariage dans la proportion du tiers, conformément à
l'article 1537 du Code civil ; de son côté, le futur mari
aurait à déclarer s'il y consent. L'acte de célébration
contiendrait mention de l'interpellation, de la réserve
faite par la femme, ainsi que du consentement du mari. »

Ce système repose assurément sur une combinaison
très ingénieuse de la protection due à l'épouse et du
principe de la liberté des conventions matrimoniales.
Il est inspiré avant tout d'un sentiment d'égalité sociale
qui fait le plus grand honneur à l'esprit élevé qui l'a
conçu. Il s'efforce de « démocratiser » en quelque sorte
le principe de la liberté des conventions matrimoniales,
principe demeuré lettre morte dans le monde des ouvriers, d'en étendre le bienfait aux petits ménages

(1) Op. cit., p. 17.

pour lesquels les frais d'un contrat de mariage sont
toujours trop élevés.

L'addition proposée par M. Cauwès au projet Jourdan répond même à l'une des principales critiques
qu'on pouvait adresser à ce dernier. Elle présente, en
effet, l'avantage sérieux d'offrir à la femme une garantie préventive : elle lui permet en se mariant de
sauvegarder ses moyens directs d'existence et lui évite
ainsi tous les inconvénients inhérents au recours de la
femme en justice.

Enfin, M. Cauwès a très heureusement indiqué lui-
même comment pourrait se réaliser pratiquement la
garantie que la femme devrait trouver dans la combinaison qu'il propose : « L'expédition par la poste de
l'extrait de l'acte de l'état civil délivré sur papier libre,
adressée, recommandée au patron ou employeur de la
femme, vaudrait saisie-arrêt. »

En dépit de ces avantages incontestables, le correctif
apporté par M. Cauwès ne répond pas, nous semble-t-il,
aux besoins qu'il désirait satisfaire et ne va pas assez
loin dans la voie où il s'engage.

Le principal défaut que nous lui reprocherions réside
précisément dans ce que M. Cauwès considère comme
l'un de ses plus grands avantages, nous voulons dire
dans la manifestation formelle de volonté à laquelle la
femme devra se livrer pour se réserver, lors de la célébration du mariage, un droit direct sur les produits de
son travail.

Exiger cette manifestation de volonté préalable, n'est-
ce pas demander à la femme une prévoyance que le
plus souvent elle n'aura pas et exiger d'elle une expression de défiance dangereuse en l'état de nos mœurs ?
Ce n'est généralement pas au jour même où elle unit sa
destinée à celle du mari que la femme se méfie de celui-
ci et qu'elle redoute sa mauvaise conduite ; elle a au
contraire en lui une entière confiance. Elle le suppose
incapable de donner le plus clair de son salaire au
cabaret et à la débauche. Et bien rarement dès lors,
aura-t-elle à ce moment précis la prévoyance nécessaire
pour se prémunir contre des dangers qu'elle n'entrevoit
même pas.

Mais il y a plus ; et si la femme entrevoit ces dangers,
la déclaration qu'elle fera le jour du mariage pour y
parer ne sera-t-elle pas considérée par le mari comme
un acte d'hostilité à son encontre ? N'y aura-t-il pas là
une première atteinte portée à la bonne harmonie du
ménage, un premier acte de défiance susceptible de jeter
la discorde au foyer conjugal ?

On peut même se demander si la déclaration par la
femme qu'elle entend distinguer ses salaires de ceux
du mari ne se heurterait pas souvent en pratique à un
refus de consentement de ce dernier. Notre communauté légale, avec les droits qu'elle reconnaît au mari,
est assez entrée dans les mœurs, pour que celui-ci ne
voie jamais d'un bon œil une déclaration préalable de
la femme tendant à le dépouiller de l'un de ces droits.

En résumé le défaut capital du système proposé par
M. Cauwès consiste à substituer la prévoyance de la
femme à celle de la loi et à exiger une manifestation de
volonté expresse là où il faudrait se contenter d'un consentement tacite, analogue à celui par lequel les
époux sont soumis aujourd'hui au régime de communauté légale.

# IV

## PROPOSITION GOIRAND

—

Nous avons vu que MM. Jourdan, Dupuy-Dutemps et Montaut n'avaient pas cru devoir aller, dans leur proposition, jusqu'à reconnaître à la femme, de plein droit et en dehors de toute intervention de justice, la faculté de disposer librement du produit de son travail. M. Goirand, au contraire, dans une proposition déposée à la Chambre le 9 juillet 1894 (1), ne craignit pas d'aller jusqu'à cette réforme plus radicale. Partant de cette idée qu'il n'est pas d'incapacité moins justifiée pour la femme mariée que celle qui lui enlève la disposition des fruits de son travail, M. Goirand rédigea le texte suivant, qui constituait l'article unique de sa proposition :

« Quel que soit le régime adopté par les époux, la femme a le droit de recevoir, sans le concours de son mari, les sommes provenant de son travail personnel et d'en disposer librement.

(1) *Journ. Off.*, séance du 9 juillet 1894, annexe n° 801.

Les pouvoirs ainsi confiés à la femme ne feront
point échec aux droits des tiers contre les biens de la
communauté. »

Dans son laconisme, ce texte est suffisamment clair
sur la portée de la réforme qu'il établit.

Ce qui frappe d'abord, c'est que le pouvoir nouveau
conféré à la femme sur ses gains professionnels ne dépend plus d'une décision de justice ; il lui est acquis de
plein droit, en vertu même de la disposition générale et
absolue de la loi. Et par là il faut bien reconnaître tout
de suite que la proposition Goirand échappe au reproche
que nous adressions à ce point de vue au projet Jourdan, Dupuy-Dutemps et Montaut.

Ce qui apparaît ensuite comme saillant dans cette
proposition, c'est le maintien de la communauté légale.
M. Goirand a formellement reconnu tous les inconvénients que présenterait chez nous la substitution de la
séparation de biens à la communauté comme régime
légal. Il faut se borner, a-t-il dit, « à limiter le droit
d'administration du mari et à conférer à la femme sur
les produits de son travail les mêmes droits d'administration qu'exerce le mari sur les autres biens de la communauté ». C'est donc l'introduction d'un principe
nouveau dans la théorie de la gestion du patrimoine
commun. C'est un partage des droits d'administration
entre le mari et la femme, celle-ci reprenant quant à
ses gains, les pouvoirs reconnus à celui-là seul par l'article 1421 du Code civil : droit de toucher son salaire,

d'en donner quittance, de le placer et même d'en disposer librement.

Malheureusement la disposition finale du texte, d'après laquelle les pouvoirs conférés à la femme ne font pas échec aux droits des tiers contre les biens de communauté, retire en partie à la femme les avantages que la proposition pourrait lui assurer. La conséquence qui en résulte nécessairement, c'est que les économies réalisées par la femme sur son travail restent assimilées aux biens communs au regard des tiers, notamment en ce qui concerne les engagements du mari. Celui-ci les engagera donc par ses obligations personnelles, et c'est là à notre sens, le vice capital de la proposition que nous étudions.

C'est, en effet, la porte ouverte aux abus et aux dangers les plus redoutables que nous avons signalés en étudiant les conséquences du régime actuel de communauté. Les produits du travail de la femme demeureront encore comme le gage possible des dettes d'un mari paresseux et débauché, et ce sera trop souvent que la femme se verra dans l'impossibilité de profiter de son labeur. Le remède apparaît donc à ce point de vue comme particulièrement insuffisant.

Cette objection, à notre sens capitale, n'a point échappé à M. Goirand, mais la réponse qu'il a cherché à y faire, dans l'exposé des motifs de la proposition, est loin d'être décisive :

« Le projet, dit-il, permet à la femme pauvre, à l'ou-

vrière, de disposer de plein droit et sans formalité aucune de ses gains et salaires ; si ses économies devien-
nent importantes, si elle éprouve le besoin de les capi-
taliser et de les soustraire aux dilapidations de son mari
ou aux atteintes de ses créanciers, elle pourra sans difficulté recourir à la séparation de biens. »

La réponse, disons-nous à notre tour, dissimule mal
l'insuffisance de la réforme proposée. Si la séparation
de biens judiciaire telle qu'elle est organisée demeurait
le remède ultime auquel la femme resterait obligée de
recourir, le système réalisé serait infecté en dernière
analyse de l'un des vices essentiels justement reprochés
à notre législation actuelle. L'insuffisance de notre séparation de biens judiciaire est précisément l'un des motifs qui appellent une réforme de cette législation.
C'est tourner dans un cercle vicieux que de partir
d'un mal reconnu pour y revenir lorsqu'on veut trouver
le remède extrême aux malheurs de la femme.

En résumé, le projet Goirand, tel qu'il fut d'abord
présenté, apparaît à nos yeux avec le mérite certain
d'une hardiesse plus grande d'où ne résulte cependant
pas l'abandon de notre régime légal de biens entre époux.
Il a donné à la femme un moyen de défense contre certains abus de l'autorité maritale ; il lui reconnaît sans
procès le droit à son salaire, et lui épargne ainsi les inconvénients d'une lutte judiciaire que le projet Glasson-
Jalabert avait considérée comme une garantie pour elle,
lutte qui trop souvent aurait risqué de n'être que le

préliminaire d'une rupture définitive du lien conjugal.
Malheureusement ce projet laisse les économies, faites
par la femme sur ses gains, exposées au droit de poursuite des créanciers du mari, et il compromet ainsi pratiquement une partie appréciable des avantages auxquels dans son principe il devrait faire aboutir.

V

## PROPOSITION ADOPTÉE PAR LA CHAMBRE DES DÉPUTÉS

—

La proposition de MM. Jourdan, Dupuy-Dutemps et
Montaut, ayant pour but de « protéger la femme contre
certains abus de la puissance maritale » avait été prise
en considération le 9 juillet 1894. Celle de M. Goirand,
destinée à assurer à la femme mariée la libre disposition de son travail, ayant été le 20 décembre 1894
l'objet d'un rapport favorable de la Commission d'initiative, fut prise à son tour en considération le 12 janvier 1895.

A partir de cette dernière date, le sort des deux propositions s'est trouvé lié. En effet, la Commission chargée d'étudier la proposition de M. Goirand, tout en
adoptant le principe, a considéré que dans sa brièveté
elle ne répondait pas suffisamment aux questions mul-
tiples que soulève la réforme ; et l'examen de la proposition Jourdan dont la Commission était également
saisie, lui a suggéré l'idée de compléter les deux projets l'un par l'autre.

Elle a donc combiné les deux propositions et il nous

reste à faire connaître le résultat de cette combinaison qui a été sanctionnée par un vote de la Chambre.

L'article 1er reproduit d'abord textuellement la disposition caractéristique du projet Goirand : « Quel que soit le régime adopté par les époux, la femme a le droit de recevoir, sans le concours de son mari, les sommes provenant de son travail personnel et d'en disposer librement. » Puis, l'article complète cette disposition en précisant qu'elle « n'est pas applicable aux gains résultant du travail commun des deux époux ». Enfin, le paragraphe dernier de la primitive proposition de loi Goirand, d'après laquelle les pouvoirs conférés à la femme ne devaient point faire échec aux droits des tiers contre les biens de la communauté, est remplacé dans le nouvel article 1er, par une disposition conçue en termes plus généraux suivant laquelle « les biens acquis par la femme avec ses gains personnels appartiennent à la communauté ».

Aux droits reconnus à la femme par l'article 1er, l'article 2 ajoute une autre garantie empruntée presque textuellement à l'article 3 de la proposition Jourdan : « En cas d'abandon par le mari du domicile conjugal, porte cet article, la femme peut obtenir du juge de paix l'autorisation de saisir-arrêter et de toucher des salaires du mari une part en proportion de ses besoins et du nombre de ses enfants. » Enfin le même article du projet nouveau, sanctionnant à ce point de vue une réciprocité qui n'avait pas trouvé place dans le projet

Jourdan, Dupuy-Dutemps et Montaut, ajoute : « Le
même droit (de saisie-arrêt) appartient au mari en cas
d'existence d'enfants si la femme ne subvient pas spon-
tanément dans la mesure de ses facultés aux charges du
ménage. »

Quant à la procédure, elle est empruntée toute entière au projet Jourdan. Le mari et la femme, appelés
devant le juge de paix par un simple billet d'avertissement du greffier de la justice de paix, sur papier
libre, en la forme d'une lettre recommandée (art. 3),
doivent comparaître en personne sauf le cas d'empêchement justifié (art. 4). La signification aux conjoints
et au tiers débiteur, du jugement autorisant l'un des
époux à toucher une partie des salaires ou émoluments de son conjoint vaut attribution à son profit
des sommes dont la saisie a été autorisée, sans qu'il
soit besoin d'aucune procédure (art. 5). Les jugements
essentiellement provisoires rendus en ces matières sont
exécutoires nonobstant opposition ou appel (art. 6).
Enfin les actes de procédure, jugements et significations
nécessaires pour l'exécution de la loi sont dispensés des
droits de greffe, de timbre et d'enregistrement (art. 7).

Telle est la réforme que la Chambre des Députés a
finalement adoptée sans discussion dans sa séance du
27 février 1896 et sur laquelle le Sénat sera prochai-
nement appelé à se prononcer (1).

_____

(1) Le projet transmis au Sénat a été renvoyé le 2 mars 1896 à la

Elle a d'abord le mérite incontestable que nous avons reconnu à la proposition initiale de M. Goirand d'accorder à la femme le droit absolu, sans condition et sans formalité judiciaire, de disposer du fruit de son travail. Et l'exposé des motifs a très heureusement rappelé à cet égard les critiques auxquelles était exposé le projet Jourdan : « Votre commission a pensé que l'obligation pour la femme de citer son mari en justice, dans le but si légitime de toucher le salaire de son travail, était pleine d'inconvénients, qu'elle pouvait devenir le principe de conflits violents au foyer conjugal et conduire souvent, soit à la séparation de corps, soit à la dissolution du mariage. »

Le projet adopté par la Chambre des Députés s'efforce en outre de combiner la réforme qu'il établit avec les principes de la communauté légale et d'arriver, par l'organisation d'un système de saisie-arrêt réciproque sur les salaires des époux, à compléter le droit reconnu à la femme sur les produits de son travail. Mais à ce double point de vue la réforme, telle qu'elle est soumise au Sénat, n'est pas sans mériter à son tour la critique.

Le maintien de la communauté comme régime légal de biens entre époux, nous avons certes déjà fait pressentir que nous le considérions comme la condition essentielle d'une utile réforme des droits de la femme,

commission chargée d'examiner les propositions de loi relatives aux droits civils des femmes. *J. Off.*, Sénat. Séance du 2 mars 1896, p. 185.

et c'est là un point sur lequel nous aurons bientôt à
revenir dans notre conclusion. Mais il est particulièrement regrettable que la Chambre ait cru pouvoir rete-
nir de la proposition initiale de M. Goirand le respect
intégral du droit du mari et surtout du droit des tiers
sur les économies réalisées par la femme au moyen de
son travail personnel. Car c'est bien là, en effet, la portée qu'il faut reconnaître à la disposition finale du nouvel article 1er : « Les biens acquis par la femme avec ses
gains personnels appartiennent à la communauté. »
L'exposé des motifs ne laisse subsister aucun doute à cet
égard : « La femme acquiert le droit d'en disposer (des
produits de son travail) mais si elle les emploie à
l'acquisition d'un bien mobilier et immobilier, ainsi
transformés ils tombent dans la communauté. Il en est
de même si, au lieu de les dépenser comme la loi lui en
donne le droit, elle les économise. Dans l'un et l'autre
cas, le salaire dont la femme n'a pas disposé est laissé
à l'administration du mari et devient le gage des créanciers..... Tant que le gain de la femme n'a pas encore
été perçu par elle, il ne peut être appréhendé par le
mari que dans la mesure et sous les conditions prévues
par la loi. »

Mais « au regard des tiers comme au regard du mari,
dès que la femme a appréhendé ses salaires et qu'elle
en a disposé, elle a épuisé son droit. Il en est de même
si, au lieu de les dépenser, elle les laisse subsister sous
forme d'économies. Ils sont alors abandonnés à l'admi-

nistration du mari et, comme les autres biens de la
communauté, peuvent être saisis et réalisés par les
créanciers. »

Ce sont là des conséquences qu'il était bon de préciser,
mais sur le danger desquelles nous avons déjà appelé
l'attention en examinant la proposition première de
M. Goirand ; sous une forme différente, celle-ci les con-
sacrait aussi au détriment de la femme.

En ce qui touche le droit pour cette dernière de
saisir-arrêter dans certains cas le salaire de son mari,
la Chambre des Députés l'a reconnu, comme l'y avaient
invitée MM. Jourdan, Dupuy-Dutemps et Montaut. Sans
insister ici sur l'utilité pratique de ce droit, utilité incontestable selon nous et sur laquelle nous aurons bientôt à nous expliquer définitivement dans notre conclusion, nous ne saurions ici que louer la Chambre des
Députés d'avoir établi, comme corollaire de ce droit
reconnu à la femme, le droit pour le mari de mettre
opposition sur le salaire de la femme lorsque celle-ci ne
subvient pas dans la mesure de ses facultés aux charges du ménage.

Le principe de la modification ainsi apportée au
projet Jourdan nous paraît au-dessus de toute critique :
c'est la consécration légale d'une juste réciprocité entre
les droits et les devoirs des deux époux, c'est l'application pratique de cette idée que les charges du mariage
sont communes au mari et la femme.

A cet égard, il est regrettable que le texte adopté par

la Chambre conserve du projet Jourdan la disposition
qui restreint au seul cas d'abandon la possibilité pour
la femme d'obtenir un droit de saisie-arrêt sur le salaire du mari. Nous avons précédemment montré les
inconvénients qui résultent d'une pareille restriction,
et, sans y revenir ici, nous sommes obligés de reconnaître qu'à ce point de vue encore la proposition soumise aux délibérations du Sénat ne donne pas, semble-
t-il, la vraie solution du problème.

# CONCLUSION

—

Après avoir étudié le sort réservé aux produits du travail de la femme mariée d'après notre législation civile,
après avoir exposé les solutions données par les principales législations étrangères et examiné les divers projets
offerts chez nous au choix du législateur pour arriver
à une équitable réforme de notre loi civile, nous nous
proposons, mettant à profit les données recueillies au
cours de ce travail, de résumer dans notre conclusion
les conditions du délicat problème qui se pose de nos
jours avec un intérêt si aigu, d'indiquer dans quel sens
doit être conçue la réforme et quelle solution nous paraît préférable.

La première question qui s'impose à notre examen,
est celle de savoir en quoi doit consister la réforme, si
l'on doit chercher l'amélioration du sort de la femme
dans une modification du régime légal ou bien si, ac-
ceptant le régime de communauté comme régime de
droit commun avec les conséquences de son fonctionnement, il suffit d'opérer une réforme partielle, de trans-
férer à la femme, sur ses gains personnels, une partie

des pouvoirs qui, actuellement, appartiennent au mari.

Il y a longtemps que la question du régime matrimonial à imposer aux époux mariés sans contrat a été agité en France. Et l'on sait les difficutés que rencontrèrent les rédacteurs du Code civil lorsqu'ils voulurent adopter comme régime de droit commun celui qui était organisé par la Coutume de Paris et suivi dans un grand nombre d'autres coutumes. On sait quelles protestations s'élevèrent contre ce projet dans les régions qui pratiquaient le régime sans communauté ou le régime dotal.

Le régime de communauté triompha cependant. Mais aujourd'hui, après plus de quatre-vingt-dix ans d'expérience, en présence de ses imperfections et des injustes conséquences qu'il produit souvent, la question, qu'on pouvait croire résolue pour longtemps, renaît et s'impose à l'attention du juriste et du législateur.

La difficulté s'est toutefois déplacée : ce n'est plus le régime sans communauté, ni le régime dotal que l'on veut substituer à la communauté légale comme régime de droit commun, c'est la séparation de biens. C'est que depuis un siècle le principe individualiste, contenu en germe dans le mouvement d'idées d'où est sortie la Révolution française, s'est développé et a porté tous ses fruits. En brisant les vieux cadres qui l'enserraient jadis, l'individu est devenu le principal sujet du droit, et tous les efforts de la législation ont tendu à lui assurer le respect de ses droits vis-à-vis de ses semblables.

Les manifestations de cet individualisme se sont pro-

duites dans tous les domaines, et jusque dans le domaine familial. La personnalité de la femme s'est déta-
chée de plus en plus de celle du mari, et c'est au nom
de ce principe individualiste qu'on réclame une séparation complète des intérêts pécuniaires des époux. « Il y a
des personnes, dit Stuart-Mill (1), dont les sentiments
sont froissés à la pensée d'une séparation de biens
comme d'une négation de l'idée du mariage, la fusion de
deux vies en une. Pour ma part, je suis aussi énergi-
quement que personne pour la communauté de biens,
quand elle résulte d'une entière unité de sentiments
entre les propriétaires, qui fait que tout entre eux est
commun. Mais je n'ai aucun goût pour la doctrine en
vertu de laquelle ce qui est à moi est à toi, sans que ce
qui est à toi soit à moi ; je ne voudrais d'un traité semblable avec personne, dût-il se faire à mon profit. »

Les partisans de la séparation de biens comme régime de droit commun partent des inconvénients reconnus du régime de communauté tel qu'il est organisé
par le Code civil. On signale l'injustice de ce régime
qui, lorsque la femme possède des immeubles, la prive
de tous ses droits d'administration pour les donner au
mari, de ce régime qui, lorsqu'elle a des meubles, la
dépouille définitivement de son droit de propriété pour
les verser dans le patrimoine commun. On montre quel
trompe-l'œil est ce patrimoine commun dont le mari

(1) *L'assujettissement des femmes*, traduction Cazelles, p. 45.

est en fait le seul maître, dont il dispose à son gré, réduisant s'il le veut le droit au partage reconnu à la femme, à une prérogative purement théorique.

Sans doute, la loi a témoigné de sa sollicitude pour la femme en lui accordant certains moyens de protection contre l'administration maritale. Ces garanties se manifestent surtout à la dissolution du mariage : la femme jouit alors du droit exorbitant de pouvoir accepter ou répudier la communauté. Si elle l'accepte, elle a le privilège de n'être tenue que dans la limite de son émolument. Dans le partage, la loi a encore organisé tout un système de récompenses et de prélèvements qui lui permettent de remédier à la mauvaise administration du mari ; les prélèvements de la femme, notamment, s'exercent avant ceux du mari ; enfin toutes les créances qu'elle peut avoir à exercer contre son mari sont garanties par une hypothèque légale, privilégiée à de nombreux points de vue, et qui grève tous les immeubles du mari et même de la communauté.

Mais on fait remarquer que tout ce système de protection, qui perd bien de sa force par la faculté laissée à la femme de s'engager pour son mari et de subroger les tiers dans son hypothèque légale, ne fonctionne en réalité que pour sauvegarder les biens propres de la femme ; et on ajoute que dès lors il est sans aucune utilité pour la femme des classes laborieuses. Là, l'épouse ne possède pas de biens propres ; tout ce qu'elle a, tout ce qu'elle gagne tombe en communauté, et son hypothèque

légale reste encore une protection vaine, le mari n'ayant
pas d'immeubles sur lesquels elle puisse porter. Appliqué aux classes ouvrières, le régime de communauté
ne se traduit donc que par l'attribution au mari de
pouvoirs absolus sur tous les biens de la famille, sans
qu'aucune garantie accordée à la femme vienne contre-
balancer ces droits excessifs.

En regard de ces inconvénients, on fait valoir les
avantages que présenterait la séparation de biens comme
régime de droit commun. Elle aurait d'abord l'avantage
d'être un régime très équitable : chaque époux garderait la propriété complète de ses biens et de ceux qu'il
gagnerait par son travail ; on mettrait enfin en pratique
dans la famille ce principe de justice et d'humanité si
longtemps oublié : à chacun selon ses œuvres ; équitable encore en ce sens que le mari ne pourrait plus
disposer à son gré des gains de la femme. Enfin, ce régime aurait un autre mérite, celui de la simplicité, en
ce sens que la loi, à défaut de convention entre les
parties, fixerait la proportion dans laquelle la femme et
le mari contribueraient aux charges du ménage.

On remarque en dernier lieu que le régime de séparation de biens paraît devoir être le régime matrimonial
de l'avenir, et l'on cite, comme indice de ce fait, qu'il
est adopté depuis un certain temps par des législations
de plus en plus nombreuses : c'est par exemple l'Angleterre qui, par ses deux lois de 1870 et 1882 a transformé de fond en comble son système matrimonial qui,

parti de l'absorption complète de la personnalité de la femme par celle du mari, est passé à un régime de séparation absolue des intérêts pécuniaires des époux. On cite encore l'exemple d'un grand nombre d'États de l'Union américaine qui ont adopté un régime analogue ; l'exemple du Canada qui en a fait autant en 1866, celui de l'Italie dont le Code civil de 1866 consacre comme régime légal un régime voisin de notre séparation de biens contractuelle, enfin celui de l'Allemagne dont le nouveau Code civil, sous le nom de communauté d'administration, établit entre les époux une véritable séparation de biens.

Malgré la force de ces raisons, nous restons convaincus, avec les meilleurs esprits, que le seul régime légal qui convient à notre pays, celui qui s'accorde le mieux avec la nature de l'union conjugale, est un régime de communauté.

Laissons de côté les législations étrangères qu'on nous propose d'imiter. Sans doute le législateur peut et doit dans certains cas s'inspirer de ce qui se fait dans les pays voisins. Mais il ne faut imiter autrui qu'avec prudence, après s'être assuré que les lois étrangères sont intervenues dans des situations semblables à celle où nous nous trouvons, qu'elles ont répondu à des besoins sociaux semblables aux nôtres. La législation que que l'on offre le plus volontiers à notre imitation est celle de l'Angleterre, à cause de la transformation radicale qui s'est opérée dans ce pays. Mais on oublie que les conditions où se trouvait l'Angleterre avant la réforme n'ont rien de commun avec celles où nous nous trouvons aujourd'hui. En Angleterre, la réforme était à la fois plus indispensable et plus facile qu'elle ne l'est en France à l'heure actuelle. Plus indispensable à cause du caractère particulièrement exorbitant qu'y revêtait la puissance maritale ; plus facile parce qu'en Angleterre la communauté de biens n'existait pas et que l'affranchissement de la femme a pu s'y opérer sans rien détruire.

En France, rien de pareil ; nous avons chez nous un régime traditionnel : la communauté légale. C'est elle qui est au fond notre régime national ; c'est elle qui était pratiquée avant la Révolution par le plus grand nombre de nos coutumes et notamment par la Coutume de Paris qui l'établissait en termes exprès : « Hommes et femmes conjoints ensemble par mariage sont communs en biens meubles et conquêts immeubles faits durant et constant ledit mariage (1). » Vouloir supprimer ce régime, qui s'accorde le mieux avec nos mœurs, ce serait rompre avec la tradition historique.

Par sa nature, d'ailleurs, le régime de communauté est celui qui correspond le plus exactement à la nature même de l'union conjugale, qui satisfait le plus efficacement les intérêts économiques de la famille.

Nous sommes de ceux qui pensent que l'union des

(1) Art. 220.

personnes ne se comprend guère sans l'union des biens ;
nous estimons que pour consolider l'union morale des
époux, il faut commencer par resserrer leur union économique. S'il fallait choisir un régime de communauté
s'adaptant bien aux conditions du mariage, nous pensons
qu'un régime de communauté universelle serait désirable, en ce sens qu'il ferait disparaître la distinction
entre les meubles et les immeubles, qui ne correspond
plus à la vérité économique. Il se trouve heureusement
qu'entre les époux des classes laborieuses, qui n'ont pas
de patrimoine immobilier, le régime de communauté
légale aboutit en fait, dans son application, à une véritable communauté universelle. Résultat heureux, car
le régime de communauté est celui qui sert le mieux
les intérêts économiques de la famille ; il élargit et con-
solide le crédit du mari, encourage chez les époux
l'esprit d'épargne ; il est le régime des sociétés démo-
cratiques et surtout des classes laborieuses chez lesquelles le travail est la principale, sinon l'unique source
de revenus. A ce titre seul, il mériterait d'être conservé.

Tenant donc pour certain qu'il serait dangereux de songer à substituer dans nos lois le régime de séparation
de biens au régime de communauté, nous avons maintenant à nous demander quel sera le moyen pratique
d'étendre les droits de la femme mariée sur les produits
de son travail.

L'étude comparative des différentes législations
étrangères et des diverses propositions qui ont été faites

chez nous sur ce point nous a conduit d'accord à cette première idée, que la solution du problème ne doit se trouver ni dans le principe de la liberté des conventions matrimoniales, ni dans un simple succédané de notre séparation de biens judiciaire.

D'une part, en effet, nous avons vu l'insuffisance et les inconvénients d'un système de protection qui subordonnerait pour la femme les garanties désirées à une manifestation formelle de volonté préalable au mariage. Ce n'est donc ni la législation suédoise de 1874, ni l'ingénieuse combinaison proposée par M. Cauwès qui devraient, à notre sens, fournir au législateur le principe de la réforme.

D'autre part et pareillement, l'étude critique à laquelle nous nous sommes livré sur le projet Glasson-Jourdan, nous a révélé la timidité excessive d'une réforme qui permettrait seulement à la femme de recourir à la justice lorsque le mari abuserait de son autorité, et qui n'instituerait ainsi en sa faveur aucune protection préventive.

Notre première conclusion sera donc celle-ci : nécessité qu'en cette matière la loi se montre elle-même prévoyante pour la femme et lui reconnaisse de plein droit, sans stipulation conventionnelle ni recours judiciaire, les garanties jugées nécessaires à sa protection.

Mais quelles doivent être ces garanties et en quoi doivent-elles consister ? Nous avons déjà fait pressentir à différentes reprises combien il serait critiquable de

chercher à juxtaposer au régime de communauté légale,
maintenu comme règle générale des rapports pécuniaires entre époux, une véritable séparation de biens
partielle restreinte aux produits du travail personnel de
la femme. Une pareille solution, qui aurait pour effet
de retirer définitivement de la communauté les biens
acquis par la femme dans l'exercice d'une industrie séparée, dépasserait de beaucoup la limite de ce qu'exige
la protection due à la femme. Au prétexte de réparer
une inégalité dont la femme se plaint, elle en créerait
une autre non moins injuste à l'encontre du mari. En
effet, laissant subsister la communauté, elle permettrait
à la femme, lors du partage, de prélever sa part sur les
économies dues au travail personnel du mari, sans reconnaître à ce dernier la possibilité de recueillir quoi
que ce soit de ce qu'elle aurait acquis elle-même dans
l'exercice de son activité séparée. Il faudrait donc se
garder d'aller jusqu'à la réalisation des vœux émis en
1896 au Congrès féministe de Paris et de toucher aux
règles relatives à la composition de l'actif commun.

Pour arriver à la vraie solution du problème, ce sont
les droits du mari comme chef de communauté qu'il
faut atteindre en tant qu'ils portent sur le produit du
travail de la femme. N'est-ce point en effet l'abus de
ces droits qui engendre le mal ? Et dès lors n'est-ce pas
naturellement dans leur suppression qu'il faut chercher
le remède ? Nous disons dans leur suppression, et non
dans leur réduction, parce qu'en semblable matière la

simultanéité et le partage des pouvoirs serait encore trop souvent une cause de conflits et ne remédierait pas aux situations malheureuses qui appellent surtout l'intervention du législateur. C'est là, il faut en convenir, la partie délicate de la réforme. Le vieux principe de l'autorité maritale subira sans doute quelque atteinte de ce chef, mais qui oserait nier que ce principe n'a pas donné dans son application tout ce que la justice et la morale permettrait d'en exiger? Qui oserait nier que le mari, dans la classe laborieuse, a très insuffisamment justifié la confiance que le législateur de 1804 lui avait témoignée?

Nous ne croyons même pas qu'il y ait, à cet égard, à distinguer entre les gains directs de la femme et les économies réalisées sur ces gains. Le sort des uns doit être celui des autres, parce qu'en définitive ils sont, à un égal degré, le résultat d'une même activité productrice qu'on ne pourra efficacement protéger dans son principe que si on la protège dans toutes ses conséquences. Les législations scandinaves nous ont fourni à cet égard la comparaison la plus instructive : nous avons vu qu'à la différence de la loi suédoise de 1874, la dernière législation du Danemark et de la Norvège reconnaît à la femme un droit d'administration et de disposition sur les biens acquis avec le produit de son travail. Très heureuse disposition dont il ne faudrait pas s'écarter selon nous, puisqu'elle encourage l'épargne de la femme dans le plus grand intérêt de la famille elle-même,

et qui nous conduit à envisager le droit des créanciers
du mari sur le produit du travail de la femme et sur
ses économies.

A ce point de vue, la solution désirable nous paraît
être dans un système transactionnel inspiré, avec certaines modifications, du projet voté par la Chambre
des députés et de la loi genevoise du 7 novembre 1894.

Cette dernière loi, nous l'avons vu, soumet équitablement les gains et les économies de la femme au droit
de gage des créanciers envers qui le mari s'est engagé
dans l'intérêt du ménage. Mais par une disposition très
critiquable, elle décide que le droit de poursuite des
créanciers sur les biens de cette nature ne sera que
subsidiaire. Le projet adopté par la Chambre des députés en 1895 échappe au contraire à cette dernière
critique. en ce qu'il ne subordonne pas le droit de poursuite des créanciers du mari sur les économies de la
femme à une discussion préalable des biens du mari.
Mais il a le défaut, grave selon nous, d'établir une distinction entre les biens de la femme et les économies
réalisées sur ces gains et celui, plus grave encore, de
livrer les économies de la femme au droit de poursuite
des créanciers envers qui le mari s'est engagé dans son
intérêt personnel.

La vérité serait, croyons-nous, entre les deux sys-
tèmes, et voici comment finalement nous concevrions, à
cet égard, la réforme à introduire dans notre législation :

La femme devrait avoir de plein droit la faculté de

toucher seule ses gains personnels et d'en disposer librement : les biens acquis par elle avec ces gains devraient, comme ces derniers eux-mêmes, échapper au droit d'administration et de disposition reconnu au mari sur l'actif commun. Comme eux notamment, ils devraient échapper au droit de gage des créanciers envers qui le mari s'oblige dans son intérêt personnel.

Mais il faudrait se garder d'aller plus loin, et ne point oublier qu'après tout, si la femme ne doit pas travailler pour le profit exclusif du mari, son activité doit du moins s'exercer dans l'intérêt de la famille. Les gains et les économies venant de son industrie séparée devraient donc équitablement rester soumis, dans les mêmes conditions que les gains et les économies du mari, au droit de poursuite des créanciers envers qui ce dernier s'engage dans l'intérêt du ménage.

Qu'on n'objecte pas qu'un pareil état de choses porterait la plus grave atteinte au crédit du mari et par conséquent au crédit de la famille elle-même ! Non seulement l'intervention de la femme dans les actes d'une certaine importance permettrait aux tiers de se préserver contre l'exception dont la loi l'aurait armée relativement aux produits de son industrie personnelle ; mais encore subsisterait à la charge de la femme, pour qu'elle pût user de cette exception, le fardeau d'une double preuve qui lui incomberait naturellement et que la loi pourrait exiger d'elle par une disposition expresse. Elle aurait à démontrer d'une part que les biens qu'elle

prétend soustraire aux créanciers personnels du mari
ont été acquis par son travail propre ; elle devrait prouver d'autre part que l'obligation poursuivie sur ces
biens a été contractée dans un intérêt purement personnel au mari.

D'ailleurs, à la dissolution de la communauté, les
gains et économies de la femme devraient être rapportés par elle pour être compris dans la masse à partager ;
et par là serait sauvegardé le principe essentiel dans
lequel s'analyse le régime de communauté. Nous ver-
rions même, au point de vue de l'élégance juridique, un
sérieux avantage à ce que le législateur français, s'écar-
tant en ceci de la réforme genevoise, imposât à la femme l'obligation de rapporter les économies provenant
de son travail dans le cas même où elle renoncerait à la
communauté. Ces économies, il ne faut pas l'oublier, si
elles sont soustraites pendant le mariage aux droits
exorbitants du mari, n'en sont pas moins des biens de
communauté et doivent finalement rester, à la dissolution, dans l'actif commun, sans considération du parti
que la femme prend alors.

Une dernière question sollicite enfin notre examen.
A côté des garanties que nous venons de déclarer indispensables pour la femme et que nous voudrions voir
reconnues de plein droit à cette dernière, n'y aurait-il
pas un dernier remède à lui offrir ? Nous voulons parler
du droit de saisie-arrêt sur les salaires du mari.

C'est là un élément nouveau du problème qui se pose

à l'esprit inquiet du jurisconsulte et du légistateur. Élément différent aussi puisqu'il se réfère au droit que la femme peut avoir, non plus sur le produit de son travail propre, mais sur celui du travail du mari, et qui commande par là-même une plus grande circonspection.

Le principe du droit de saisie-arrêt des salaires entre époux nous paraît bien cependant devoir être consacré par le législateur, parce qu'il constitue, en réalité, la sanction la plus énergique des devoirs qu'impose le mariage : devoir de secours et d'assistance entre époux, d'une part; obligation de contribuer à l'entretien des enfants et aux charges de la famille, d'autre part.

Mais l'organisation pratique de ce droit ne devrait pas être, croyons-nous, celle qu'on a proposée. Sans doute, nous reconnaissons volontiers qu'il faut ici faire appel aux lumières du juge. La loi ne peut, sous peine de désorganiser les règles les plus élémentaires du droit matrimonial et de porter atteinte à l'organisation sociale, reconnaître à la femme le droit de toucher toujours elle-même une part des salaires du mari. Il faut donc subordonner pour elle cette garantie extrême à un recours judiciaire. Et sans doute aussi, nous nous plaisons à reconnaître que la procédure instituée par MM. Glasson et Jalabert, reprise par M. Goirand et finalement adoptée par la Chambre des députés, réduit au minimum les lenteurs et les frais d'un pareil recours.

Mais d'une part, MM. Jourdan, Dupuy-Dutemps et

Montaut, comme M. Cauwès lui-même, qui instituent le droit de saisie-arrêt au profit de la femme, ont le tort, suivant nous, de ne point le reconnaître par une juste réciprocité au mari. Et d'autre part, le projet voté par la Chambre des députés, s'il a le mérite de consacrer à cet égard un droit de saisie-arrêt réciproque de chacun des époux sur le salaire de l'autre, a le tort de ne point le leur reconnaître dans des conditions d'égalité absolue et de le limiter, en ce qui concerne la femme, au seul cas d'abandon.

La vraie solution à cet égard nous paraît être dans une combinaison des avantages réalisés par les différentes propositions. Le droit de saisie-arrêt entre époux devrait être réciproque comme l'admet le projet soumis actuellement au Sénat, mais il devrait aussi, comme l'a proposé M. Cauwès, dépendre exclusivement d'une appréciation du juge, à qui il faudrait dès lors laisser le pouvoir souverain d'apprécier la gravité des circonstances de nature à justifier une mesure aussi exceptionnelle.

Vu :

*Par le Président de la thèse,*

Vu :                    A. BOISTEL.

*Par le Doyen,*
GLASSON.

Vu et permis d'imprimer :

*Le Vice-Recteur de l'Académie de Paris,*

GRÉARD.

# TABLE DES MATIÈRES

Pages

INTRODUCTION

Importance croissante et fréquence du travail des femmes
depuis la rédaction du Code civil.

Intérêt particulier de la question en ce qui touche les classes
laborieuses.

Plan de cette étude.................................... 1 à 7

PREMIÈRE PARTIE

## LÉGISLATION FRANÇAISE

CHAPITRE Ier. — **Droit de la femme mariée sur ses gains
personnels d'après les différents régi-
mes matrimoniaux**.................     9

SECTION Ire. — RÉGIMES DE COMMUNAUTÉ.

Groupement de tous ces régimes sous une
même section.............. .........     11

*Régime de communauté légale.* — Division des biens
des époux en trois patrimoines. — Composition du
patrimoine commun. — Du patrimoine propre des
époux .....................................     11

Les gains de la femme font partie du patrimoine
commun.......................... ............     14

*Autres régimes de communauté prévus par le Code civil.*

Solution identique quant aux gains personnels de la femme.................................... 16

Difficultés relatives à la propriété littéraire et artistique........................................ 18

Difficultés relatives aux retraites, pensions, dotations, rentes ...................................... 23

Difficultés relatives aux assurances sur la vie....... 25

Droits du mari sur les gains personnels de la femme. — Critique du régime.. ..................... 29

SECTION II. — RÉGIME SANS COMMUNAUTÉ.

Caractères essentiels du régime........ ............. 33

Le mari acquiert-il la propriété des gains personnels de sa femme ? — Controverse ...................,..... 36

Critique du régime............. .............'..... 38

SECTION III. — RÉGIME DE SÉPARATION DE BIENS CONTRACTUELLE.

Caractère essentiel du régime...................... 39

Contribution de la femme aux charges du ménage.... 41

Paiements directs faits par la femme pour le ménage. — Controverse ............................ ..... 43

Droits de la femme séparée sur ses gains personnels... 46

Aliénation du mobilier de la femme. — Controverse.... 46

Emploi des capitaux en acquisitions de valeurs mobilières ou immobilières. — Controverse............. . 49

Cas où la femme laisse au mari l'administration de ses biens ............................................ 50

Appréciation du régime........................... 51

SECTION IV. — RÉGIME DOTAL.

Caractères essentiels du régime................ ...... 52

Droits de la femme dotale sur ses gains personnels... 53

Distinction basée sur le caractère de ces gains :

Gains dotaux et gains paraphernaux .............. 54

Gains envisagés comme capitaux ou comme fruits.. 55

Nécessité de se référer avant tout au contrat de mariage pour régler le sort des gains de la femme......... 57

Cas où la femme s'est constitué en dot ses biens présents ....................................... 58

Cas où la constitution dotale embrasse les biens présents et à venir. — Controverse................... 61

Appréciation du régime............. ............. 62

CHAPITRE II. — **La femme mariée marchande publique.**

Capacité particulière de la femme mariée marchande publique ................................... 64

Droits de la femme commerçante sur ses gains commerciaux sous les différents régimes :

Régime de communauté légale. — Avantage indirect résultant pour la femme commerçante de sa capacité spéciale............. ................ 66

Régime de séparation de biens.................. 68

Régime sans communauté...................... 69

Régime dotal................................. 70

CHAPITRE III. — **Des moyens permettant à la femme mariée d'accroître ses droits sur les produits de son travail**................ 72

SECTION Ire. — LA CONVENTION : Liberté des conventions matrimoniales.. ................ ........... 73

Limites apportées par la loi à cette liberté ........... 74

Valeur pratique de ce premier moyen.............. 79

SECTION II. — LA SÉPARATION DE BIENS JUDICIAIRE.

Utilité de la séparation de biens judiciaire............ 81

Cas où elle peut être demandée......... ........... 82

Effets de la séparation prononcée quant aux droits de la
　　femme sur les produits de son travail............... 85

Valeur pratique de ce second moyen................. 88

SECTION III. — LOIS SPÉCIALES.

1º *Lois 18 juin 1850 et 20 juillet 1886 sur les caisses
　　des retraites pour la vieillesse*................ 91

2º *Lois 9 avril 1881 et 20 juillet 1895 sur les caisses
　　d'épargne*...................................... 96

　　Législation antérieure à 1881................. 97

　　Loi 9 avril 1881.............................. 98

　　Loi 20 juillet 1895........................... 103

　　Portée restreinte de ces lois en théorie ; importance
　　de leurs effets pratiques en ce qui touche l'épargne
　　de la femme mariée ..................... 105

## DEUXIÈME PARTIE
## LÉGISLATIONS ÉTRANGÈRES

CHAPITRE Iᵉʳ. — **Pays de séparation de biens** ........... 112

I. — ANGLETERRE.

　　Le *common law*. — Jurisprudence des cours d'équité. 112

　　Loi 28 août 1857 sur le divorce................... 115

　　Loi 9 août 1870.................................. 116

　　Loi 18 août 1882................................. 117

II. — ETATS-UNIS D'AMÉRIQUE.

　　Le *common law*. — Les réformes................. 118

　　Réforme dans l'État de New-York . ............... 119

　　Lois 7 avril 1848 et 11 avril 1849 ............... 120

　　Loi 20 mars 1860 ... ................... 120

　　Lois 28 mai 1884 et 14 mai 1892.... ............ 121

III. — ALLEMAGNE.

　　Le nouveau Code civil allemand .. ............... 121

Le droit de la femme sur les biens réservés (Vorbehaltsgut)..................................... 123

CHAPITRE II. — **Pays de communauté**........ .......... 125

I. — Suède.

Code civil suédois de 1734....................... 126

Loi 11 décembre 1874......... ......... ....... 127

II. — Danemark.

Code de Christian V de 1683.................... 128

Loi 7 mai 1880 ............................ . 130

III. — Norwège.

Code de Christian V de 1683 ................. .. 133

Loi 29 janvier 1888 .................. ......... 133

IV. — Canton de Genève.

Le Code civil français .................. ....... 137

Loi 7 novembre 1894.......................... 139

Nature du droit de la femme sur les produits de son
travail..................................... 139

Effets des dettes des époux sur les gains personnels
de la femme................................ 141

Droits de la femme à la dissolution du mariage.... 144

V. — Belgique et Grand-Duché de Luxembourg.

Loi belge 13 mai 1865........................ 146

Loi luxembourgeoise 14 décembre 1887... ........ 146

### TROISIÈME PARTIE

#### PROJETS DE RÉFORME

I. — **Projets féministes**............................. 149

L'*Avant-Courrière*. Pétition de 1894 ; projet de
Mlle Chauvin............................•...... 150

Le Congrès féministe de 1896.................... 152

Critique du projet ............................ 153

II. — **La proposition Jourdan**.................... ........ 157

    *Le Code civil et la question ouvrière* de M. Glasson. 157

    Proposition Jalabert-Glasson ...................... 158

    Proposition de loi de MM. Jourdan-Dupuy-Dutemps et
      Montaut.................................... 158

    Appréciation de ce projet........................ 161

III. — Système proposé par **M. Cauwès**........ ........ 167

    Exposé de ce système.......................... 167

    Critique...................................... 168

IV. — **Proposition Goirand**........................... 172

    Exposé et critique du projet ..................... 173

V. — **Proposition adoptée par la Chambre des Députés**. 177

    Combinaison des propositions de MM. Jourdan et Goi-
      rand.

    Adoption par la Chambre des Députés............ 177

    Critique de ce projet de loi....................... 180

CONCLUSION

Détermination du régime légal........................... 185

Adoption du régime de communauté ; ses motifs............ 190

Nécessité de reconnaître de plein droit à la femme un droit sur
    les produits de son travail....................... 192

La réforme ne doit pas consister à établir une séparation de
    biens partielle restreinte à ces produits.................. 193

Les droits du mari sur ces produits....................... 194

Assimilation des gains de la femme et de ses économies....... 195

Comment doit être réglé le droit des créanciers du mari sur
    ces biens... ............... ...................... 195

Le sort des gains et économies de la femme à la dissolution de
    la communauté.................................. 198

Le droit de saisie-arrêt des salaires dans les rapports des
    époux....................................... 198

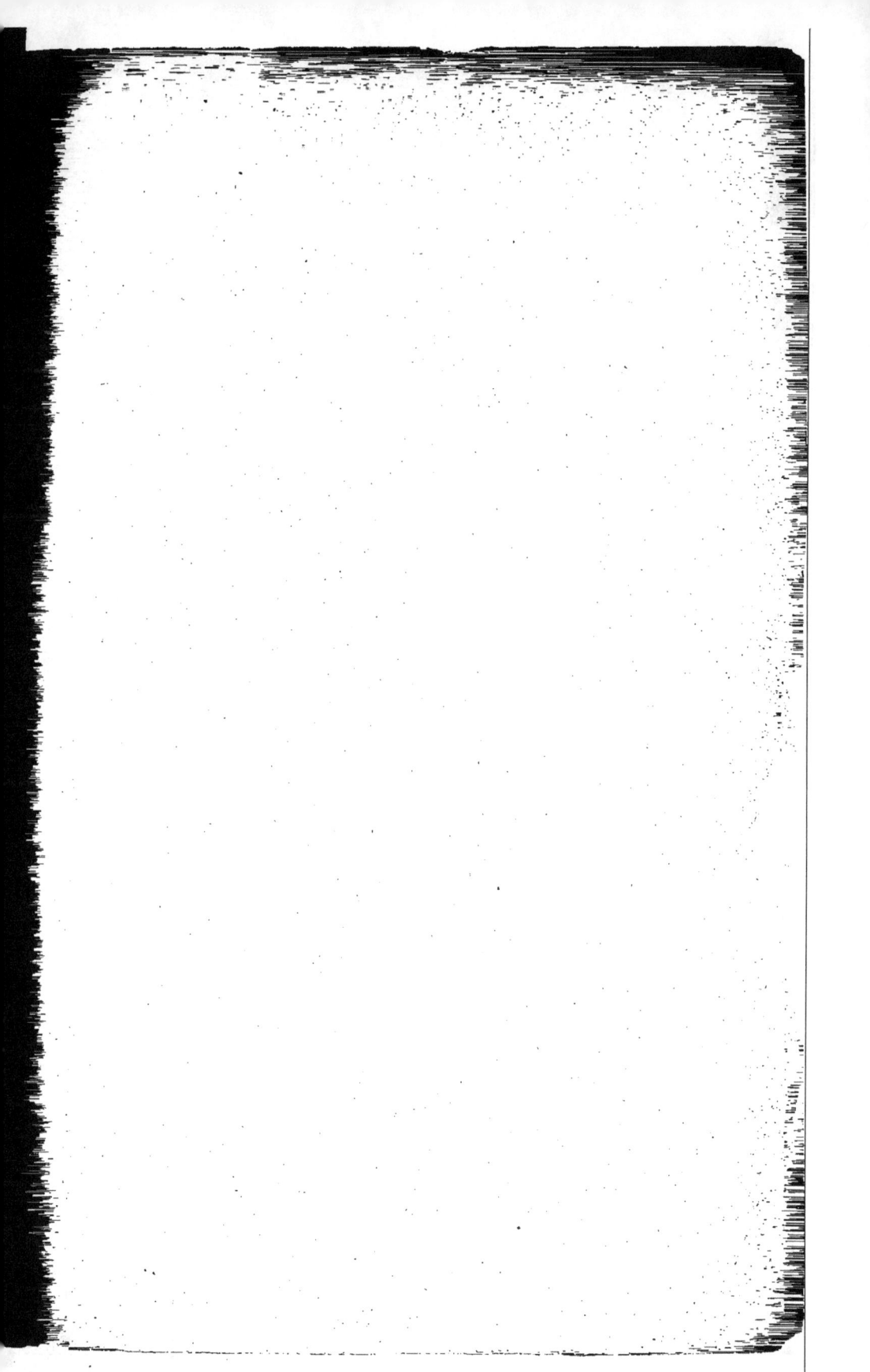

Grande Imprimerie de Blois, 2, rue Haute. λ 5052

www.ingramcontent.com/pod-product-compliance
Lightning Source LLC
Chambersburg PA
CBHW070523200326
41519CB00013B/2913